Walter M. Weiss

Lesereise Usbekistan

Walter M. Weiss

Lesereise Usbekistan

Fährtensuchen an der Seidenstraße

Picus Verlag Wien

Product footprint
CO_2 Neutral
PBN-CFMCP-015258
www.preferredbynature.org

FSC
www.fsc.org
MIX
Papier aus verantwortungsvollen Quellen
FSC® C014138

Grafische Gestaltung: Dorothea Löcker, Wien
Umschlagabbildung: © Walter M. Weiss
Druck und Verarbeitung:
Finidr, s.r.o., Český Těšín
ISBN 978-3-7117-1113-7

Informationen über das aktuelle Programm
des Picus Verlags und Veranstaltungen unter
www.picus.at

Inhalt

Eine Metropole als Experimentierfeld

Taschkent: Erste Tuchfühlung mit einer verkannten Nation

Nimmt man eine Karte Eurasiens zur Hand, zieht eine Linie von China bis zum Mittelmeer und eine zweite von Moskau nach Indien, so kreuzen sich die beiden in einer Region, die in jüngerer Vergangenheit ziemlich abseits des Weltgeschehens, in früheren Jahrhunderten jedoch nicht selten in seinem Brennpunkt lag. Diese Region – sie hieß bei den alten Griechen Transoxanien, bei den Arabern Mawarannahr, und bei den russischen Besatzern im 19. Jahrhundert ihrer großteils turksprachigen Bewohner wegen Turkestan – ist wie kaum eine zweite von extremen Gegensätzen geprägt. Ihre Kernzone formen zwei Wüsten, Kysylkum und Karakum, in denen Sand- und Schneestürme toben und Temperaturen zwischen minus und plus fünfzig Grad herrschen. An ihren Rändern dehnen sich endlose Steppen, liegen die mächtigen Gebirgszüge des Pamir und des Tien Shan und die Reste eines der einst größten Binnenseen der Erde, des Aralsees. Durchschnitten wird diese gewaltige Landschaft von zwei Strömen – Syrdarya und Amudarya. Sie sind beide gesäumt von fruchtbaren Oasen. Dort ist das Klima vergleichsweise mild und das Dasein angenehm. Die Bewohner dieser Oasen, sesshafte Bauern, lebten von Urzeiten an bis vor gut hundert Jahren im ständigen Konflikt mit den Nomaden, deren Heimat der leere, unwirtliche Raum jenseits der schmalen Grünzonen war. Hatten sie Kraft, gelang es ihnen, ihr Territorium zu verteidigen. Zeigten sie Schwäche, wurden sie von den berittenen Jägern überfallen und ihre verästelten Bewässerungskanäle, die Lebensadern ihrer Zivilisation, zerstört.

Noch mehr als an diesen lokalen Kriegen hatte der Raum stets an den Invasionen fremder Heere zu leiden. Alexander der Große und Dschingis Khan, Perser, Chinesen, Hunnen, Türken, Araber und Russen – die Eroberer kamen aus allen Himmelsrichtungen und wüteten oft mit einer Blutrünstigkeit, die in der Weltgeschichte ihresgleichen sucht. Immer wieder wurden Städte, ja ganze Völkerschaften ausgelöscht. Nicht wenige freilich, um bald umso vitaler wiederzuerstehen. Zentralasien im Allgemeinen und auch sein Kerngebiet, das heutige Usbekistan, werden aus europäischer Perspektive gerne als peripherer Raum verkannt – als vermeintlich substanz- und profilloses Durchzugsland zwischen den großen Kulturräumen Chinas und des Iran. Solche Sicht ignoriert nicht nur die landschaftliche Vielfalt dieser Großregion zwischen Kaspischem Meer und Tarim-Becken, Hungersteppe und Hindukusch, sondern mehr noch ihre historische Bedeutung. Wer im Westen hat schon von den Großreichen der Choresmier, Samaniden oder Timuriden gehört, die hier über Jahrhunderte blühten? Wer von dem Land als Heimat visionärer Denker von Weltrang oder als Schatztruhe der Kunst? Usbekistan, dieser fast eine halbe Million Quadratkilometer große, von der Natur mit Rohstoffen wie Erdgas, Gold, Kupfer, Uran reich gesegnete und erst seit 1991 unabhängige Binnenstaat (er ist übrigens der weltweit einzige nur von Binnenstaaten umgebene), bildet in Wahrheit eine Zentralzone der Zivilisationsgeschichte, ein Epizentrum des Geistes seit der Antike. Dies auch, aber beileibe nicht nur dank der legendären Seidenstraße, die sein Territorium über tausend Kilometer weit querte.

Ähnlich, wenngleich auf andere Weise unterschätzt wird für gewöhnlich auch Usbekistans Hauptstadt Taschkent. Wer als Neuankömmling im Kopfgepäck Bilder orientalischer Traumziele mit pittoresken Moscheen, Palästen, Basaren hierher mitbringt, wird rasch ernüchtert. Die Zweieinhalb-Millionen-Metropole ist nicht Buchara oder Samarkand, touristische Romantik ihre Sache nicht. Zwar blickt sie, wie jene, auf eine über zweitausendjährige Siedlungsgeschichte zurück und florierte im Mittelalter ebenfalls als Handelsstation und Handwerkerzentrum an der Seidenstraße. Doch von ihrer historischen Bausubstanz ist der Kapitale, der erst die Russen, als sie 1867 ihr Generalgouvernement einrichteten, Hauptstadtstatus verliehen, kaum etwas geblieben. Zwei Zäsuren sind hauptverantwortlich für den Verlust: Die eine gravierende war ein Erdbeben, das 1966 mit der Stärke siebeneinhalb nach Richter die Stadt, insbesondere ihren alten Kern, devastierte. Und zuvor schon, in der Frühphase des Großen Vaterländischen Krieges, hatte Stalin aus den von der Nazi-Besatzung betroffenen und bedrohten Gebieten eine Million Menschen sowie einen Gutteil der Schwerindustrie, insbesondere die Flugzeugproduktion, hierher evakuiert. Dadurch wandelte sich Taschkent zur bedeutendsten Industriemetropole Zentralasiens, und in seinem Grundcharakter.

Haben also jene Reisenden recht, die »die steinerne Stadt« als Ort des Ein- und wieder Wegfliegens abtun, Erstbesuchern zur alsbaldigen Weiterfahrt raten? Ja, wenn man vorrangig das Malerisch-Orientalische sucht. Nein, wenn man an der sowjetischen Moderne, speziell deren Architektur, interessiert und willens ist, sich auf ein Stadtgefüge der Ambivalenzen und Brüche einzulassen. Und ein doppelt unterstrichenes Nein, wenn man sich am Beginn oder Ende einer Rundreise Überblick über Geschichte und Künste des Landes verschaffen will. Der Gang durch die hauptstädtische Museumslandschaft allein füllt zwei Tage. Die einschlägigen Sammlungen bieten famose Einblicke in Epochen und Genres. Außerdem lässt sich in der Hauptstadt am intensivsten der frische Wind erspüren, der das Land seit Kurzem durchweht.

Ein Vierteljahrhundert, bis zu seinem Tod 2016, hatte Islam Karimow, ein autokratischer Apparatschik aus echt sowjetischem Schrot und Korn, mit eiserner Faust über seine Landsleute geherrscht. Menschenrechte, Meinungs- und Glaubensfreiheit lagen in Ketten, Korruption und Bürokratie trieben deprimierende Blüten. Die Reputation der noch jungen Republik war mehr als mies. Unter Schawkat Mirsijojew, dem neuen, 1957 geborenen Präsidenten, mutierte sie zwar nicht über Nacht – wie denn auch? – zur lupenreinen Demokratie. Doch in zentralen Bereichen wie Rechtsstaatlichkeit, Liberalisierung der Wirtschaft, politischer Teilhabe, Umwelt- und Denkmalschutz stellte die Regierung manche Weichen in Richtung Zukunft. Die Zivilgesellschaft und mit ihr kritische Medien, in- und ausländische NGOs und Minderheiten, auch religiöse, dürfen seither deutlich freier atmen. Auch das Verhältnis zu den Nachbarländern hat sich entkrampft. Die Grenzen sind nach langjähriger Sperre wieder offen. Alte

Dispute um deren Verlauf, vor allem mit Kirgistan und Tadschikistan im Fergana-Tal, sind dabei, gelöst zu werden. Unter den fünfunddreißig Millionen Usbeken nimmt die Angst ab und keimt Zuversicht. 2019 bewog das jähe Tauwetter den Londoner *Economist*, ihre Heimat zum »Land des Jahres« zu adeln. Usbekistan sei, so der unbestechliche Befund der Redaktion, nicht länger eine »altmodische Diktatur im Sowjetstil«. Kein anderer Staat sei jüngst auf dem Reformpfad »so sehr vorangekommen«.

Merklich entspannter und weltläufiger ist naturgemäß vor allen anderen Städten Taschkent geworden. Zugleich erweist sich diese einst nach Moskau, Leningrad und Kiew viertgrößte Metropole der UdSSR mehr denn je als ästhetisch und atmosphärisch hoch spannender Hybrid. Da sind zum einen die *Mahallas*: Die Zahl dieser traditionell in basisdemokratischer Selbstverwaltung organisierten Nachbarschaftsviertel schrumpft rapide. Schuld daran sind die wild wütenden Bulldozer zukunftstrunkener Bauherren. Doch es gibt sie noch. In ihren labyrinthisch engen, unasphaltierten Gassen stößt man nach wie vor auf ballesternde Buben und auf Händler mit Karren voll Wassermelonen und *Kurut*, den harten, kastaniengroßen Käsebällchen. Man kann noch Kühe brüllen und Schafe blöken hören. Es duftet nach *Plov*, dem so nahrhaften Nationalgericht, das die Großmütter hier noch mit tüchtig Hammelfett im Eisenkessel über offenem Feuer kochen. Und mit etwas Glück öffnet sich in einer der fensterlosen Lehmmauern ein Haustor und gibt den Blick frei auf einen Moment Leben, das ungestört im stillen Andante des Ostens dahinfließt – auf einen Hof etwa, darin zwei Alte im Schatten einer Weinlaube auf einem *Tapchan*, dem mit Teppich belegten Holzbett, bei grünem Tee über einer Schachpartie brüten.

Außerhalb dieser Refugien des Privaten dominiert allerdings die brachiale Leere realsozialistischer Stadtplanung. Nach der Bebenkatastrophe hatte man Taschkents Wiederaufbau zum nationalen Projekt erklärt, um Leistungskraft und Solidarität der sowjetischen Völkergemeinschaft unter Beweis zu stellen. Nach einem Generalplan stampften freiwillige Helfer, herbeigeströmt aus allen Ecken des Landes, im Rekordtempo eine Retortenstadt aus dem Boden. Sie geriet, dem Zeitgeist in Politik und Bevölkerung entsprechend, der Architektur ein ähnlich großes Ansehen wie dem Militärwesen und der Weltraumfahrt beimaß, zu einem städtebaulichen Schaufenster der revolutionären Moderne.

Über das Resultat kann man aus guten Gründen lästern: über das neue Zentrum, das in seiner Sterilität und Megalomanie ein von gewaltsamen Ideologien und Utopien geprägtes Staatsverständnis widerspiegelt. Über Klötze wie das ehemalige Lenin-Museum und den Sitz des ZK der Partei oder den raketenhaften Mega-Fernsehturm. Oder auch über die hyperbreiten Prospekte, konzipiert vorrangig, so scheint es, für Mai-Aufmärsche, Panzerparaden und Präsidentenlimousinen mit ihren rasenden Eskorten, und in Permanenz supersauber gehalten von den allgegenwärtigen Besenbrigaden. Die Nase rümpfen kann man auch über die Entrücktheit, den Pomp und Kitsch der nach der Unabhängigkeit entstandenen Herrschaftsarchitektur – Repräsentationsbauten wie Parlament, Rathaus, Börse, Timuriden-Museum, die mit ihren neoislamischen Elementen eine rückwärtsgewandte nationale Identität beschwören. Und erst recht lästern kann man über die neuerdings wie Pilze nach dem Regen himmelwärts schießenden Banken-, Hotel- und Businesstürme (Paradebeispiel: das jüngste Geschäftsviertel namens Tashkent City), die genauso gut in Shenzhen, Houston oder Dubai stehen könnten. Und von denen niemand so recht weiß, wer sie eigentlich finanziert und den Profit abschöpft.

Fairer der Stadt und ihrer Genese gegenüber verfährt freilich, wer ihre Widersprüche als Qualität anerkennt und den Blick auf Vorzüge und Meriten richtet: auf ihren Wasserreichtum und das viele Grün zum Beispiel, sprich: die weitflächigen Parks und Alleen und vom Fluss Chirchiq gespeisten Kanäle; auf die Badeseen, Berge und Skipisten im nahen Umland; oder auf die inzwischen quicklebendige Kunst- und Kneipenszene. Zu würdigen gilt, dass sowjetische Urbanisten im Standardsortiment ihres Städtebaukastens auch Kultur- und Konzerthäuser, Kongress- und Messehallen, Sportarenen, Filmpaläste, Museen und, als glänzendstes Juwel, ein Bolschoi-Theater für Oper und Ballett mit nach Zentralasien brachten.

Als »Seismischer Modernismus« wird – nach seinem tektonischen Auslöser – bezeichnet, was Städteplaner und Architekten in den Sechzigern und Siebzigern in Taschkent zur Entfaltung brachten. Um ihre innovative Leistung zu verstehen, muss man nicht unbedingt – obwohl man es sollte – zu den ikonischen Bauten jener Jahre pilgern: der türkisblauen Riesenkuppel des Chorsu-Basars zum Beispiel, der Ufo-förmigen Rotunde des Zirkus oder dem Panoramakino (nicht versäumen: das von Regiedissident Mark Weil bereits 1976 als erste Avantgardebühne der Sowjetunion gegründete Theater Ilchom direkt vis-à-vis!). Es genügt, mit der Metro gefahren zu sein.

Deren Stationen wurden mit großem Aufwand und ebensolcher Eleganz nach Moskauer Vorbild als wahre »Paläste der Werktätigen« ausgestaltet, die man seit dem letzten Präsidentenwechsel sogar fotografieren darf. Faszinierender noch ist, ein paar Plattenbausiedlungen die Parade abzunehmen. Denn obwohl es seinerzeit vor allem um die Schaffung bitter benötigten Wohnraums ging, drängte es deren Schöpfer offenbar, auch ungewöhnliche, revolutionäre ästhetische Ansprüche zu erfüllen.

Um die zweihundert großflächige, bunte Mosaike zieren den öffentlichen Raum der Stadt. An den Stirnseiten vieler Hochhausblöcke prangen, Dekoration und Agitation zugleich, Motive aus russischen Märchen neben Darstellungen von Kosmonauten und Helden der Arbeit, Allegorien von Gleichheit und Brüderlichkeit, Völkerfreundschaft, einer glor- und siegreichen Zukunft. Eingerahmt von geometrischen und vegetabilen Mustern, die augenfällig an islamische Ornamentik und auch textile Kunst der Nomaden anknüpfen, zeugen sie von ebenso unbändiger Experimentierlust wie die Gebäude selbst: Taschkent sei die Stadt mit den schönsten Plattenbauten der Welt, schwärmte der Schriftsteller Martin Mosebach angesichts der Vielzahl origineller »Schlafmaschinen« mit ihren »Erkern und Schmuckteilen aus Beton, den kühnen Treppentürmen, Atelierfenstern, runden Kajütenluken und unregelmäßig geformten, hundertfach übereinander getürmten Balkons«. Tatsächlich macht die immense Fülle verspielter Formen aus Taschkent ein aufregendes, in seiner Art einzigartiges architektonisches Versuchslabor. Was beweist, dass sich geballte Fantasie selbst unter den bleiernsten Verhältnissen eines Realsoz Marke

Breschnew ein Betätigungsfeld zu finden und aufregende Ergebnisse zu zeitigen vermochte.

Menschenschlächter und Mäzen

Auf den Spuren Timurs, des altneuen Vaters der Nation

Wow! Da könnten sich die Herren Xi Jinping, Putin, Erdoğan und Konsorten noch einiges abschauen. Gemeint ist in diesem Fall freilich nicht etwa die Gabe des kompromiss- und ruchlosen Vorgehens gegen Widersacher. Die Analogie – die genau genommen gar keine sein kann, denn zwischen den Genannten und dem Potentaten, um den es hier geht, liegen mehr als sechs Jahrhunderte – bezieht sich vielmehr auf das Virus der architektonischen Geltungssucht. Einen Palast von solch grotesker Monumentalität muss man sich erst mal hinzuklotzen getrauen! Gigantische achtunddreißig Meter sind die beiden Pfeiler mit den angebauten Rundtürmen und integrierten Treppenhäusern hoch, und doch nur die Rudimente eines Portals, dessen Torbogen, bevor er unter dem eigenen Gewicht zusammenbrach, eine Spannweite von zweiundzwanzig und eine Scheitelhöhe von fünfzig Metern aufwies. Das zugehörige Palastgebäude dahinter, das ein missgünstiger Nachfolger übrigens schon bald darauf wieder abreißen ließ, besaß gar eine Grundfläche von hundertfünfundzwanzig mal zweihundertfünfzig Metern. An seiner Stelle blickt heute inmitten einer Parkanlage von nicht zu überbietender Sterilität der Schöpfer der ganzen Pracht von hohem Podest martialisch ins Land. Das Standbild, in seinen Dimensionen auch nicht gerade von schlechten Eltern, dient Brautpaaren als Lieblingskulisse für Hochzeitsfotos. Es wurde, welch Symbol für maskuline Unbeugsamkeit und Heldenmut!, 1996 errichtet. Als eine von drei Kolossalstatuen des Mannes im notabene bereits unabhängigen Usbekistan. Aber hier begänne schon eine neue, andere Geschichte … Und wir greifen vor. Alles schön der Reihe nach bitte, und tunlichst mit der geziemenden Demut erzählt! Amir Timur, der »glorreiche Fürst«, wie man ihn hierzulande neuerdings nennt, duldet keine Zweideutigkeiten und schon gar keine Ironie. Eine kleine Erwähnung nur sei noch erlaubt: dass es sich nämlich beim Ak-Sarai, dem »Weißen Palast«, dessen Reste wir hier in Shahrisabz bestaunen, in Timurs Geburtsort, der damals Kesch hieß und schon den Sogdiern Hauptstadt war, nur um einen Zweitwohnsitz für die heißen Sommermonate handelte. Seinen ursprünglichen Plan, nämlich Kesch zur Hauptstadt zu machen, hatte der Diktator zugunsten Samarkands irgendwann fallen gelassen. Seine Hauptresidenz ebendort (deren über die Jahrhunderte zerfallene Ruine man übrigens erst 1948 endgültig demolierte) hatte noch gewaltigere Ausmaße.

Auf der eineinhalbstündigen Fahrt von Samarkand südwärts nach Shahrisabz erklimmt der Wagen etwa auf halbem Weg den Tahta-Karacha-Pass. Von dessen Scheitel auf fast achtzehnhundert Metern Seehöhe schweift der Blick über die Serpentinenstraße und felsübersäte Abhänge hinab in das Tal des Tankhadarya. Dort unten verbrachte Temür ibn Taraghai Barlas, den die Nachwelt unter dem Namen Tamerlan oder auch Timur Lenk, »der Lahme«, kennt, seine Jugend. Es waren turbulente Jahre in einem notorisch von Gewalt geprägten Soziotop, in dem sich der in den 1330er Jahren geborene Spross eines turkstämmigen Clans erste Sporen verdiente. Wie Dschingis Khan scharte er als Anführer einen Haufen von Abenteurern und Freibeutern um sich – frühe Vorläufer, wenn man so will, der *Basmatschi*, jener »ruhmreichen Banditen«, die in den Zwanzigern den Bolschewiken und in der Folge sogar noch Stalin in Turkmenistan zu schaffen machten. Kraft diplomatischer Listen und skrupelloser Kühnheit formte der junge Timur allmählich einen starken militärischen Söldnertross, wurde 1370 auf einem *Kurultai*, dem mongolischen Reichstag, zum Großemir gewählt und schwang sich schließlich zum Alleinherrscher über das Zweistromland zwischen Syrdarya und Amudarya auf. Es folgte eine nicht enden wollende Kette von Feldzügen, mit denen er von Choresmien und Persien über den Kaukasus, Mesopotamien, Syrien und Anatolien, vom Fergana-Tal bis nach Nordindien ein immenses Territorium eroberte und heillos verwüstete. Berühmt ist etwa sein Sieg über den osmanischen Sultan Bayezid I. 1402 bei Ankara, wo dieser in seine Gefangenschaft geriet. Traumatisierend wirken bis heute seine Massaker nach, bei denen er unter anderem in Isfahan, Bagdad, Damaskus und Delhi große Teile der Stadtbevölkerung niedermetzeln und die Schädel der Opfer zu Pyramiden auftürmen ließ. Es wird vermutet, Timur habe sich mit dem Schrecken umgeben und den Nimbus verleihen wollen, der sich mit Namen und Taten des von ihm verehrten Dschingis Khan verband, und ihm deshalb auch auf dem Feld der Blutrünstigkeit nachgeeifert. Andererseits war er, obwohl selbst des Lesens und Schreibens unkundig, als großzügiger Förderer der islamischen Literatur und vor allem der bildenden Kunst aktiv.

Menschenschlächter oder Kunstmäzen? Die Frage hat Heerscharen von Historikern und Biografen beschäftigt. Dabei ist die Antwort – gewiss, ein abartig krasser Fall von Ambivalenz – eindeutig: ein Doppel-Ja mit Ausrufungszeichen. Sein Ruf als Despot, der wie nur wenige Figuren der Weltgeschichte zu den unsäglichsten Grausamkeiten fähig war, ist unbestritten. Abermillionen Menschen kamen durch seine Vernichtungszüge um. Untertanen jedoch, die über Talent oder spezielle Fähigkeiten verfügten, entrannen dem Tod. Denn in allen Provinzen seines Riesenreichs verschonte der Tyrann die Meister des Kunsthandwerks, um sie in seine »Stadt der Städte« zu verschleppen. Dort, in der Kapitale Samarkand, hielt er, wie Ruy González de Clavijo berichtete, der als Gesandter Heinrichs III. von Kastilien eigens aus Spanien angereist war, um die Möglichkeit eines Bündnisses gegen die Osmanen auszuloten, allein in seiner Burg Tausende gefangen, »damit sie ihm ihr restliches Leben lang Rüstungen und Helme sowie Bogen und Pfeile fertigten«.

»Wenn du an unserer Macht zweifelst – betrachte unsere Bauten!« Was Timur in riesigen Lettern an die Fassade seines Palasts in Shahrisabz schreiben ließ, kann man getrost auch auf die Freitagsmoschee von Samarkand gemünzt verstehen. Bibi Khanum, deren Namen sie trägt, sei ihm, heißt es, unter all seinen neunzehn Gattinnen die liebste gewesen. Möglicherweise auch, weil sie dem Geschlecht der Tschagatai, einer Nachfolgedynastie Dschingis Khans, entstammte ergo die Heirat mit ihr seine Herrschaftsansprüche untermauerte. Astrologen kalkulierten den günstigsten Sternenstand für die Grundsteinlegung. Hundert eigens aus Indien eingeführte Elefanten wurden zum

Lastenschleppen eingesetzt. Doch die Gesetze der Gravitation ließen sich nicht außer Kraft setzen. Der Mammutbau begann alsbald zu bröckeln, der dreiundvierzig Meter hohe Gebetssaal stürzte ein. Erst Ende des 20. Jahrhunderts wurde die Ruine umfassend restauriert. Fachleute monierten dabei den Einsatz von Beton und unsachgemäßen Techniken. Was allerdings die Ergriffenheit der Laienbetrachter ob der bombastischen Dimensionen und des frischen Glanzes der Portale und Kuppeln nicht schmälert.

Einen noch blendenderen Eindruck hinterlässt der Besuch im Mausoleum Gur Emir, dem »Grab des Fürsten«. »Die Kuppel von Gur Emir ist wie das ewige Himmelsgewölbe«, schwärmte Alisher Navoi, Großmeister der klassischen, tschagataischen Literatur, Dichter am Hofe der Timuriden in Herat und von den Usbeken heute als ihr Nationaldichter verehrt. »Die ganze Erde spiegelt sich darin.« Man versteht seine Euphorie auch noch ein halbes Jahrtausend später: das mit einem extrafeinen Kachelteppich belegte Eingangsportal, die türkisfarbene Melonenkuppel mit ihren vierundsechzig Rippen (für jedes Lebensjahr des Propheten eine), und erst der Innenraum mit seinen golden-violett glänzenden Wänden, Schriftbändern, Stalaktitengewölben und der Kuppel, die selbst dem nüchternsten Zeitgenossen garantiert den Kopf verdrehen!

Eigentlich hatte Timur diesen Bau für seinen unerwartet früh verstorbenen Lieblingsenkel und designierten Nachfolger Mohammed Sultan angeordnet und für sich selbst eine Bestattung in Shahrisabz vorgesehen. Doch nach Timurs Tod im Jahr 1405 holte einer der Enkel und Thronanwärter den Leichnam flugs nach Samarkand und ließ ihn zwecks Legitimierung seines Machtanspruchs hier bestatten. 2020 veröffentlichte die staatliche Agentur Uzarchiv erstmals unter Verschluss gehaltene Fotografien der legendären Gräberöffnung zur Zeit des Zweiten Weltkriegs. Sie zeigen eine Gruppe von Wissenschaftlern, darunter den berühmten Anthropologen Michail Gerassimow, bei der Arbeit in der Krypta und wie sie den Schädel des Schlächters skeptischen Blickes inspizieren. Ihre Mission war, die Echtheit der Gebeine zu überprüfen und zudem herauszufinden, ob Timur wirklich verkrüppelt und sein Enkel Ulugh Beg tatsächlich ermordet worden war. Alle Thesen bestätigten sich. Trotzdem wäre die Totenruhe vielleicht besser nicht gestört worden. Denn das Ereignis datiert auf den 20. Juni 1941. Zwei Tage später, am 22., »zitterte die Welt«, wie für den Fall geweissagt, als Hitlers Truppen auf breiter Front den Überfall auf Stalins Reich begannen.

Wer Timurs aktuelle Bedeutung für die Psychohygiene der noch jungen usbekischen Nation verstehen will, muss seine Spurensuche freilich in die Hauptstadt Taschkent ausdehnen. Zu Sowjetzeiten hatte man im dortigen Völkerkundemuseum die berühmte Bronzebüste des grimmigen Eroberers mit Spitzbart und Pickelhaube durch ein lakonisches Zitat von Karl Marx kommentiert, das wohl Moskaus offizielle Einschätzung seines Wirkens widerspiegeln sollte: »Er, Tamerlan, gab seinem Reich eine staatliche Ordnung und Gesetze, die im großen Kontrast steht zur Finsternis der bestialischen und ungezügelten Zerstörungen, die die tatarischen Horden auf seinen Befehl verübten.« Als Islam Karimow, bis dahin immerhin erster Parteisekretär der KPdSU des Landes, 1991 dank »freier« Wahlen zum ersten Präsidenten des unabhängigen Usbekistan mutierte, stand er vor keiner leichten Aufgabe: Genosse Stalin hatte als Volkskommissar für Nationalitätenfragen schon sehr bald nach der Revolution gerade auch in Zentralasien die Grenzen der neuen Unionsrepubliken bewusst so gezogen, dass ethnischer oder religiöser Nationalismus gar nicht erst aufkeimen konnte. Fortan herrschte mit eiserner Faust die Sowjetideologie, die alle historisch gewachsenen Divergenzen zwanghaft überkleisterte. 1991 starb diese bekanntlich einen abrupten Tod. Mit ihr verschied die marxistisch-leninistische Erzählung von der friedlichen Koexistenz aller Völker im Reich. Händeringend suchte man in den frischgebackenen, ins konzeptuelle Nichts gestürzten Nationen nach neuen staatstragenden Narrativen. Nach früheren vermeintlich »Goldenen Ären«, auf die sich mit Stolz Bezug nehmen ließ. Und vor allem: nach Helden. Kasachstans Präsident wählte den mythischen Herrscher Alasch Khan. Kirgistan hob Manas, den Protagonisten des gleichnamigen Jahrtausendepos, aufs Podest, und der Turkmene Nijasow alias Türkmenbaschi der Einfachheit halber gleich sich selbst. In Usbekistan avancierte Timur zum neuen Vater des Volkes, obwohl oder gerade weil dieses sich in Herkunft, Kultur und Sprache als überaus heterogen erwies. Seine Figur – der, nebenbei bemerkt, Georg Friedrich Händel eine Oper und Christopher Marlowe, der Zeitgenosse Shakespeares, ein Theaterstück widmeten – bot als großer Feldherr, Reichsschöpfer und -lenker, Beschützer von Kunst, Geist und Glaube die ideale Klammer zwischen Islam und neuem, usbekischem Staatsbewusstsein. Die abgründigen Aspekte seiner Lebensbilanz, Hekatomben von Opfern, übersah die Propaganda mit nonchalanter Geflissenheit.

Wie konsequent, offenbart das 1996 eröffnete Amir-Timur-Museum: Der zweigeschossige Rundbau mit der türkisblauen Kuppel gleicht einem Tempel – ein kathedralenhafter Sakralbau für den Identitätsstifter und seine Nachfahren, dessen eher dürftige Sammlung in die timuridische Kunst und Architektur einführt, diverse mehr oder weniger stilvolle Staatsgeschenke präsentiert und Besucher über die Leistungen, vor allem Eroberungen des Namenspatrons belehrt. Der Pomp des Dekors, der weiße Marmor und Stuck, die Kristalllüster, das viele Gold und Wachpersonal, die auf Hochglanz polierte Sauberkeit haben etwas Einschüchterndes, zumindest für Fremde Verbotenes. Auch Islam Karimow hat sich in der zentralen Museumshalle verewigt – mit einem pathosreichen Text, in dem er für sich und »sein« Land den Anspruch auf das Erbe der Timuriden geltend macht.

Apropos: Der Ex-Präsident höchstderoselbst verfasste auch das Vorwort für den 2011 erschienenen Neudruck der Memoiren des »glorreichen Fürsten«. Zuvor schon, 1996, hatte man ein Amir-Timur-Jahr ausgerufen, seine Bauten restauriert, eine Amir-Timur-Medaille gestiftet und, 1993, Taschkents zentralen Platz, von dem strahlenförmig einige der wichtigsten Straßen der Stadt abgehen, nach Timur benannt. In dessen Mitte, vor der Kulisse des schneeweißen Forumspalastes und dem ikonischen Kasten des Hotels »Uzbekistan«, erhebt sich das Denkmal für den altneuen Nationalhelden. An genau der Stelle, die zuvor nacheinander schon der zaristische Generalgouverneur für Turkestan, Konstantin von Kaufmann, ab 1917 dann das »Denkmal der freien Arbeiterinnen und Arbeiter«, zehn Jahre später eine

Büste Lenins, ab 1947 eine Stalin-Statue und ab 1968 schließlich ein kolossaler Karl-Marx-Kopf zierten.

Dargestellt ist Timur hoch zu Ross, mit dem rechten Arm gen Zukunft weisend nach oben gestreckt.

Dass »der Lahme«, weil auch am Arm dauerhaft lädiert, dazu rein physisch gar nicht fähig war: Wen kümmert's? Ein starker Führer hat keine Schwächen.

Samarkand, mon amour

Von Konigil über Afrosiab zum Registan

Das Mühlrad knarzt. Das Wasser rauscht. Und die vier Stößel des Pochwerks schlagen dazu, von wuchtigen Holzbalken bewegt, in großen Mörsern dumpf den Takt. Zarif Mukhtorov, Direktor der Papiermanufaktur Meros am nordöstlichen Stadtrand Samarkands, führt mich durch seinen Schaubetrieb. An Station Nummer eins schälen zwei Frauen mit Schabmessern zuvor in Wasser geweichte Ästchen. »Es ist Rinde vom Maulbeerbaum«, wird mir erklärt. »Ausschließlich sie verwenden wir als Rohstoff.« Die fasrigen Streifen kochen die Frauen in Kesseln über offenem Feuer. Hernach werden sie mit der Kraft der Mühle zu Brei zerstampft und dieser in Wasser verrührt. Aus der Pulpe schöpft man mit einem Siebrahmen das Papier, presst es stapelweise einen Tag lang unter gewichtigen Steinen und klebt die Bögen zum Trocknen einzeln auf Bretter oder Glas. Den letzten Arbeitsgang demonstriert mir der Chef persönlich, indem er die noch rauen Blätter mit einem Stück Horn händisch poliert. Das Ergebnis lässt sich nebenan im Souvenirshop, zu Notizheften, Grußkarten, Kalendern, Taschen, Masken, Puppen und sogar waschbaren Papierkleidern verarbeitet, begutachten.

Im Jahr 751 fiel ein chinesisches Heer in Zentralasien ein und wurde in der Schlacht am Talas von den arabischen Truppen geschlagen. Um ihre Haut zu retten, verrieten die Gefangenen aus dem Osten den einheimischen Handwerkern ein Geheimnis, das ihre Landsleute tausend Jahre lang eifersüchtig gehütet hatten: das der Herstellung von Papier. Die Samarkander lernten schnell und verfeinerten das Verfahren. Unvergleichlich glatt, dünn, schier unbegrenzt haltbar und beidseitig mit Tinte beschreibbar, avancierte ihr Produkt zum begehrten Exportgut und lief dem aus Tierhäuten fabrizierten Pergament rasch den Rang ab. Schon im 9. Jahrhundert wurden im Orient so gut wie alle Schriftstücke auf ihm verfasst. Es schuf die Grundlage für den Aufschwung der Wissenschaften und das Erblühen von Miniaturmalerei und Kalligrafie. Und wie so viele Hervorbringungen des Ostens – Porzellan oder Schießpulver zum Beispiel, Lacke, Seide, Spiegel, der Steigbügel und der Magnet-Kompass, die Nudel oder Tee – eroberte das samarkandische Papier auf dem Weg über die Seidenstraße auch die Märkte Europas.

Erzeugt wurde es seit Anbeginn im Bezirk Konigil an den von Hunderten Wassermühlen gesäumten Ufern des Siab-Kanals – exakt dort, wo heute Herr Mukhtorov seine Manufaktur betreibt. Der beschloss in den Neunzigern, nachdem seine Branchenkollegen im 18. und 19. Jahrhundert ihre Betriebe aus der kriegsgebeutelten Heimat zunächst in die Stadt Kokand im Fergana-Tal verlegt und zu Beginn der Sowjetzeit dann wegen der Konkurrenz durch billige Industrieware zugesperrt hatten, die legendäre Tradition am Ort ihrer Entstehung wiederzubeleben. Es folgten Jahre unermüdlichen Experimentierens und Recherchierens auf Reisen rund um die Welt, ehe Mukhtorov mit Unterstützung der UNESCO und japanischem Knowhow sein Privatunternehmen eröffnete. An die dreißig Tonnen produziert er dort mittlerweile im Jahr. In der Schauwerkstatt konnte er vor Ausbruch der Corona-Pandemie in Spitzenmonaten bis zu fünfzehntausend Touristen begrüßen.

S-a-m-a-r-k-a-n-d! Kein anderer Ort Zentralasiens hat die romantischen Fantasien der Europäer über die Zeiten ähnlich beflügelt. Kein anderer galt so sehr als Synonym für mystische Größe und überwältigende Pracht. Seinen Namen nennen Orientliebhaber in einem Atemzug mit Kairo, Isfahan oder Agra. Diese in der Flussoase des Serafschan gelegene Stadt war schon unter den achämenidischen Persern, als sie noch Afrosiab hieß, und mehr noch in der Ära Alexander des Großen, der sie auf Griechisch Maracanda nannte, eine blühende Handelsstation. Lange Zeit Hauptstadt von Sogdien, thronte sie auf einem Hochplateau. Doch dieses antike Afrosiab wurde bereits durch die Araber, und endgültig durch Dschingis Khan zerstört. Erst Timur und seine Erben erbauten unten im Tal eine Nachfolgerin, das mittelalterliche Samarkand, und die Kolonialherren aus Russland ab 1870 dann weiter westlich ihre eigene, geometrisch gegliederte Neustadt.

Schwarz-Weiß-Bilder aus der Frühzeit der Fotografie zeigen die seit dem Mongolensturm kahlen Sandhügel Afrosiabs als Schauplatz gewaltiger Volksfeste. Alljährlich zu Nowruz oder Kurban Bairam etwa wurde die Wüstenei zum Spielfeld für *Buzkaschi*, jenen archaischen Nationalsport, eine Art zentralasiatisches Polo, bei dem tollkühne Männer vor Abertausenden Zuschauern auf Pferden, jeder gegen jeden, um den Besitz einer toten Ziege wetteifern. Ebenfalls vor gut hundert Jahren begannen Archäologen im Boden des Brachlands nach Spuren der großen Vergangenheit zu graben. Ihre Funde,

Keramiken, Textilien, Münzen aus der Ur- und Frühgeschichte, werden vor Ort in einem Museum ausgestellt. Dessen Glanzstück sind die Reste eines enormen Wandgemäldes aus dem Palast der sogdischen Herrscher. Es zeigt Szenen aus dem Hofleben, darunter eine Audienz für Gesandte, Prozessionen und eine Tigerjagd.

Am Rand des Geländes finden sich allerdings auch religiöse Attraktionen: An seinen südlichen Abhang schmiegt sich die Nekropole Schah-i Sinda, zu übersetzen mit: »der lebende König«. Die Gräberstraße, ein Komplex aus mehr als zwei Dutzend Mausoleen und Moscheen, wurde von Timur für Angehörige und treue Freunde angelegt und bildet mit ihrem Spalier fliesenverzierter Fassaden eine zauberhafte Leistungsschau der Sakralarchitektur um 1400. Zugleich gilt sie auch als Wallfahrtsort. Denn einer Legende nach lebt hier Kusam ibn Abbas, ein Cousin des Propheten und Bannerträger des Islam in Zentralasien, seit fast tausenddreihundert Jahren bis heute in einer Höhle verborgen fastend und betend fort. Am Abhang im Norden ruht sogar ein Prophet der Bibel, oder, genauer gesagt: ein Armknochen desselben. Timur soll ihn von einem Feldzug aus der altpersischen Residenzstadt Susa mitgebracht haben – eine Reliquie des jüdischen Weisen Daniel, seines Zeichens Berater am babylonischen Hof und, nach seiner Befreiung, des achämenidischen Großkönigs Darius. Es heißt, das Gebein habe auf dem Weg Richtung Osten zu wachsen begonnen. Mittlerweile messe es, Sarkophag und Grabbau sind entsprechend lang, achtzehn Meter. Eine Prophetie besagt, das Ende der Welt werde anbrechen, sobald der Knochen den Erdball umspannt.

Von eindeutig rationalerem Geist durchdrungen war Ulugh Beg, ein Enkel Timurs und Sohn des in Herat regierenden Schah Ruch: Der »große König«, der später kurzzeitig selbst über das Timuridenreich herrschte, widmete sich anstatt Kriegen und Machtintrigen lieber dem Studium der Philosophie und der Natur. 1428 ließ er auf einem Hügel östlich des ehemaligen Afrosiab ein Observatorium bauen, das Wissenschaftsgeschichte schrieb. Die Beobachtungen und Kalkulationen, die er dort mit Gleichgesinnten in hingebungsvoller Arbeit anstellte, darunter die genaue Vermessung von fast tausend Sternen und die Berechnung des Sternenjahres, gelten als Meilensteine der Astronomie. Bezeichnend ist, wie der Wissbegierige endete: Weil er »die Erkenntnis über den Glauben stellte«, ließen ihn Kleriker meuchlings ermorden und seine Forschungsstätte zerstören. Von deren dreistöckigem Rundbau erhalten blieben lediglich Fundamente und der in den Fels gehauene Unterteil eines kolossalen Sextanten. Über Werk und Wirken seines Schöpfers informiert unmittelbar daneben ein modernes, mit Modellen, Gerätschaften und Dokumenten reich bestücktes Museum.

Beim Spaziergang über Samarkands zentrale Flaniermeile, die Taschkenter Straße, überkommen mich manchmal Zweifel: Ist diese Stadt wirklich, wie ihre Bewohner gerne behaupten, der »Spiegel der Seele«? So märchenhaft, wie sie in den Geschichten aus »Tausendundeiner Nacht« gepriesen wird? Gewiss, ihre timuridischen Kunstdenkmäler machen sprachlos vor Staunen. Doch gähnt zwischen ihnen nicht vielerorts urbaner Leerraum? Dominieren nicht, bei aller quirligen Alltagsgegenwart mancher Viertel, die plattenbaugrauen Spuren der Sowjetzeit das Straßenbild? Und erst diese neue Fußgängerzone: Überbreit und ohne Schatten wirkt sie geleckt und seelenlos.

Solche Bedenken verfliegen jedes Mal schlagartig, sobald ich am Südende jener unsäglichen Promenierautobahn den Registan betrete. Der »sandige Platz« ist das stolze Herz von Samarkand – sein strahlkräftigstes Wahrzeichen, seit 2001 UNESCO-Kulturerbe, ein Touristenmagnet von Weltrang. Drei Medresen umstehen ihn, eine spektakulärer als die andere in Dimension und Dekor. Ihre majestätischen Iwanportale, Minarette und Kuppeln, allesamt mit schillernden Mosaiken umkleidet, lassen den Betrachter zum demutsvollen Winzling schrumpfen.

Anlegen ließ den Registan Ulugh Beg als eine Art Forum, auf dem fortan Märkte und Militärparaden abgehalten, Erlasse verkündet und Verbrecher hingerichtet wurden. Auf sein Geheiß entstand auch die nach ihm benannte, älteste der drei Hochschulen. Ihr Lehrplan umfasste, ein Beweis für die Fortschrittlichkeit des Bauherrn, neben Theologie säkulare Fächer wie Astronomie, Mathematik und Geschichte. Die anderen beiden – Schirdor und Tillya-Kari – kamen erst nach der Schleifung älterer Moscheen und Karawansereien Mitte des 17. Jahrhunderts hinzu. Sie fungierten als herkömmliche Koranschulen, in denen man, abgesehen vom Heiligen Buch, nur Arabisch, islamische Jurisprudenz und sufische Philosophie studieren konnte.

Ich weiß noch, wie ich zum ersten Mal auf dem Registan stand – im Frühjahr 1992, dem Jahr eins nach der Unabhängigkeit, eingeflogen mit einer der ersten Maschinen, einer röhrenden Tupolew noch, der eben frisch geschlüpften nationalen Fluglinie Uzbekistan Airways. Am Vorabend hatte mir in einem Teehaus eine Runde wodkatrunkener Militärpiloten – gewitzte *Bizness*-Pioniere in turbulenter Umbruchszeit – angeboten, meine beabsichtigte, elendslange Überlandfahrt nach Chiwa radikal abzukürzen. An Bord einer MiG-29. Für tausend US-Dollar. Rund um den Wunderplatz wurde damals gehämmert, gemörtelt, gezimmert, was das Zeug hielt. Ulugh Begs sechshundertster Geburtstag stand kurz bevor und die neue Denkmalschutzbehörde ließ alle Gebäude von Grund auf sanieren. Zuvor hatten sich die Sowjets über Jahrzehnte mehr oder weniger damit begnügt, die marode Bausubstanz zu konservieren. Schließlich galt es, den von der staatlichen Monopolagentur Intourist seit den siebziger Jahren scharenweise ins Land gelotsten Touristen, Devisenausländern, einen wenigstens oberflächlich opulenten Augenschmaus zu servieren. Doch am Ende waren neun Zehntel der Fassadenfliesen abgefallen, war die Ulugh-Beg-Medrese wegen Einsturzgefahr überhaupt gesperrt. Ehe man ans Restaurieren ging, musste man Platz und Höfe erst von einer bis zu zwei Meter dicken Schicht aus Sand, Bauschutt und Müll befreien. Gegenwärtig, erklärt mir im Herbst 2021 Xonkul Samarov, aktuell Direktor der Registan-Administration, in seinem Büro, sei der Registan baulich in ungleich besserer Verfassung. Und auch intensiver genutzt. Die Fassaden werden abends effektvoll illuminiert. Eine Sound & Light Show erzählt in 3D und mehreren Sprachen die Geschichte des Ortes. In den Durchgängen und Innenhöfen haben sich Kunstgewerbler mit Ateliers und Läden einquartiert. In der Schirdor-Medrese spielt sogar ein lokales Ensemble regelmäßig Theater.

Obwohl, wirft Davlat Hakimov, des Direktors Chefrestaurator, im Gespräch ein: Die Schäden durch aufsteigendes Grundwasser und Salz seien nach wie vor erheblich. Und zeigt mir am Mauerwerk draußen die Spuren der Feuchtigkeit. »Hier, sehen Sie: wie diese Ziegel zerbröseln, diese Mosaikflächen sich aufwölben und bersten, und wie dieses Marmorpaneel sich von der Säulenbasis löst!« Vielleicht um die Probleme gleich wieder ein wenig zu relativieren, führt er mich zum Schluss der Begehung durch jene Dauerausstellung, die er mit seinem Team kürzlich im Foyer der Ulugh-Beg-Medrese eingerichtet hat: Historische Fotos dokumentieren, wie der Platz Ende des 19. Jahrhunderts aussah. Die Fassaden: vom Zahn der Zeit arg zernagt und nach Erdbeben von armdicken Rissen durchzogen; ihr Fliesenschmuck: großflächig verschwunden, die Leerstellen mit Gips grob verschmiert. Mehrere Kuppeln sind kollabiert, und zwei bedrohlich geneigte Minarette nur notdürftig mit dicken Seilen gesichert. Doch auf dem weiten Geviert zu Füßen der so kariösen Kolossalbauten wogt, im denkbar krassen Kontrast zu seiner geradezu klinischen Nacktheit von heute, orientalisches Marktgetümmel. Zu erkennen sind: beturbante Händler, die, neben sich ihre Ware gestapelt, in Holzhütten oder unter einfachen Zeltplanen hocken; ein Wasserreservoir; drumherum ein ganzer Fuhrpark von Eseln und großrädrigen Pferdekarren. Und eine Menschenmenge, die sich in Kreisen um Gaukler, Garköche und Märchenerzähler drängt. Ob rund um den Registan, frage ich Herrn Hakimov, heute noch etwas an das kommerzielle Treiben von einst erinnert? Nur noch ein einsamer *Tscharsu*, höre ich mit Bedauern, ein Kuppelbasar aus der Zeit Timurs. Und das rostige Denkmal einer Kamelkarawane.

Avicenna und der Algorithmus

An der Wiege der persischen Renaissance

Spaziert man vom Vorplatz der Zitadelle von Buchara, dieser Manifestation manisch vermauerter Macht, Richtung Westen, gelangt man, vorbei am Wasserturm und dem eleganten Säulenwald der Bolo-Chaus-Moschee, in den Stadtpark. Dort steht, umrahmt von Rasenflächen und schattigen Alleen, in Respektabstand zum nahen Rummelplatz mit seinen Schießbuden, Riesenrad und Ringelspiel, das Samaniden-Mausoleum. Es ist ein kleiner Würfel, nur zehn mal zehn mal zehn Meter groß, mit vier Eingängen und von einer Halbkugel bekrönt. Unscheinbar auf den ersten Blick. Auf den zweiten jedoch erweist sich der lehmbraune Bau mit seiner makellos ebenmäßigen Geometrie und der so filigranen wie fantasiereichen Fassadenornamentik aus gebrannten, unglasierten Ziegeln als architektonisches Juwel. Das Grabmal gilt als ältestes erhaltenes islamisches Baudenkmal von Mawarannahr, dem »Land jenseits des Flusses«, wie das Gebiet des heutigen Usbekistan einst hieß. In seiner Exquisitheit erinnert es daran, dass Buchara schon im 10. Jahrhundert ein Epizentrum größter Geistigkeit war. Bukhar – so nannten die Zoroastrier eine »Quelle der Weisheit«. In ihrer besten Zeit besaß die Stadt hundertachtzig Koranschulen mit über dreißigtausend Studenten. Der britische Autor Peter Hopkirk erzählt in seinem Buch über »The Great Game«, den historischen Konflikt zwischen Großbritannien und Russland um die Vorherrschaft in Zentralasien, von der verbreiteten Überzeugung, der Himmel werde zwar auch hierzulande tagsüber von der Sonne erhellt, des nächtens aber »von jenem Glanzlicht, das Buchara ausstrahlt«.

Ismail ibn Ahmad Samani, der das Mausoleum für sich und seine Familie schuf, begründete um 900 eine persischstämmige Erbdynastie, deren Emire sieben Generationen lang über den Osten des Iran und Transoxaniens herrschten. Ihre politisch-historische Rolle bestand darin, das Reich des Kalifen, der in Bagdad saß, und dessen städtische Hochkultur gegen die Einfälle der heidnischen Turkvölker aus den Steppen des Ostens zu sichern. Im Gegenzug vermittelten die Samaniden genau jenen Nomaden den Zugang zum geistigen Kosmos des sunnitischen Islam und trugen so maßgeblich zu dessen Verbreitung bei. Zugleich bildete sich damals unter den Tadschiken, den Nachfahren der iranisch-sprachigen, hier seit Menschengedenken ansässigen Sogdiern, erstmals eine Identität als eigenständiges Volk heraus. Samarkand und die Residenz Buchara gelten seither als Wiegen der tadschikischen Kultur. In jener Zeit wurzeln auch die Überschneidungen zwischen den turkstämmigen Usbeken und den persisch geprägten und Persisch sprechenden Tadschiken, von denen heute etwa ein Komma drei Millionen in Usbekistan leben. Auch die von Nationalisten im Nachbarstaat Tadschikistan immer wieder formulierten Ansprüche auf Buchara und Samarkand rühren von daher.

Umfassender noch als in Politik und Religionsgeschichte ist das Erbe der samanidischen Epoche auf den Gebieten der Sprache und der Wissenschaft. In Buchara wirkten seinerzeit Rudaki, der Vater der klassisch-persischen Poesie, und, bedeutsamer noch, Firdausi. Der schenkte, im heutigen Ostiran geboren, seinen Landsleuten mit dem epochalen Epos *Shahnameh*, dem »Buch der Könige«, nachdem das Mittelpersische durch den Einzug des Arabischen verdrängt worden und zum Alltagsidiom von Bauern herabgesunken war, eine neue, eigene Hoch- und Schriftsprache. Eine Pionierleistung, vergleichbar mit der Dantes für das Italienische oder auch Luthers mit seinen Bibelübersetzungen für das Deutsche. Dank Firdausi wurde das Neupersische – neben dem Arabischen als der koranischen Sprache der Theologen und Gelehrten – zur Lingua franca im gesamten persischen Kulturraum, der eben bis heute auch weite Teile Zentralasiens, Afghanistan und Usbekistan inklusive, umfasst. Selbst die osmanischen Sultane und die Mogulkaiser Nordindiens pflegten und förderten es jahrhundertelang als Hof- und Kultursprache.

Zurück an den Hof der Samaniden: Die besaßen eine offenbar phänomenal bestückte Büchersammlung. Nur in den Bibliotheken von Bagdad, Damaskus und Córdoba lagerten damals vergleichbare Bestände. Die Emire pflegten ein Klima der Weltoffenheit, in dem vor allem auch die Naturwissenschaften gediehen. Nicht ohne Grund nennt man jene geistige Wiedergeburt im Osten, die den Islam endgültig von seinem arabisch-beduinischen Hintergrund löste und zu einer universalen, auch für nicht-arabische Völker attraktiven Religion und Kultur werden ließ, »neupersische Renaissance«. In jener Zeit, zwischen dem 9. und dem 11. Jahrhundert, brachte Zentralasien eine ganze Reihe brillanter Wissenschaftler hervor. Al-Chwarizmi zum Beispiel, dessen Name, wie bei so vielen, auf die Herkunft, in seinem Fall die Landschaft Choresmien südlich des Aralsees, hinweist: Sein bronzenes Denkmal, ein bärtiger Mann mit Turban und Kaftan, im Sitzen nach vorne gebeugt, die Stirn nachdenklich gefurcht, wurde kürzlich von dessen angestammtem Platz vor dem alten Westtor seiner Heimatstadt Chiwa in einen Park inmitten von Plattenbausilos in der Provinzhauptstadt Urgentsch verpflanzt. Besser passte es freilich ins Silicon Valley, an die Einfahrt zu den Hauptquartieren von Meta, Apple oder Alphabet zum Beispiel. Denn die Herren in den Chefetagen dieser Hightech-Giganten hätten wahrlich Grund, jenem Genie vom anderen Ende der Welt die Ehre zu erweisen. Al-Chwarizmi, der, um 780 geboren, auf Arabisch schrieb, aber Perser war, leistete wichtige Beiträge als Geograf und Kartograf, unter anderem durch Übersetzungen aus dem Griechischen und dem Sanskrit. Vor allem aber gilt er als einer der bedeutendsten Mathematiker der Menschheitsgeschichte. So führte er die indische Ziffernschreibweise inklusive der Null und damit das dekadische Positionssystem in den arabischen Kulturkreis ein und ermöglichte damit indirekt alle modernen Zahlensysteme. Auch verfasste er ein »Buch über die Rechenverfahren durch Ergänzen und Ausgleichen«, in dem er völlig neue Ansätze zur formalen Lösung von Gleichungen lieferte – eine theoretische Basis für die Erstellung von Handlungsvorschriften zur Lösung von Problemen und damit in letzter Konsequenz für die Entwicklung der Informatik und von Computerprogrammen. »So sagt al-Chwarizmi!«, war unter Rechenmeistern des Mittelalters ein geflügeltes Wort, um die Korrektheit einer Rechnung zu unterstreichen. Aus dem arabischen Titel jenes Buches leitet sich der Begriff der

Algebra ab, aus dem latinisierten Namen seines Autors, Algorismi, der des Algorithmus.

Ein anderer Geistesgigant war der Mathematiker und Astronom al-Farghani: Aus der seinerzeit bedeutenden Stadt Quva im Fergana-Tal stammend (wo ihn heute ebenfalls ein pompöses Denkmal ehrt), wirkte er wie sein choresmischer Kollege vorwiegend im von Kalif al-Mamun betriebenen »Haus der Weisheit« in Bagdad. Er bewies als einer der ersten Gelehrten die Entfernung der Planeten, die sphärische Form der Erde, ihren Durchmesser und, mit neunundneunzigprozentiger Exaktheit, auch den Umfang. Ebenfalls aus Choresmien, nämlich aus dessen alter Hauptstadt Kath, kam al-Biruni – ein weiterer Universalgelehrter, wie er im Buch steht, der in diversen Wissensbereichen Wegweisendes leistete; etwa, fünfhundert Jahre vor Kopernikus, als Erster das heliozentrische Weltbild mit der um die Sonne kreisenden Erde und der Erklärung für Tag und Nacht entwarf, oder sich als erster Muslim mit der brahmanischen Wissenschaft beschäftigte und sowohl arabische als auch griechische Schlüsselwerke ins Sanskrit übersetzte.

Der wohl genialste Großgeist aus der Region war allerdings Abu Ali Ibn Sina. Im ganzen Orient als »der Meister schlechthin« verehrt, ist er im Westen als Avicenna und Romanlesern und Kinogehern rund um den Globus zudem als jener ehrfurchtgebietende Mediziner bekannt, bei dem in Noah Gordons Bestseller »Der Medicus« der eigens aus England angereiste (fiktive) Held in die Lehre geht.

Verlässt man Buchara auf der Samarkander Straße Richtung Norden, erreicht man nach gut dreißig Kilometern die Ortschaft Afshona. Hier wurde um das Jahr 980 Avicenna geboren. Hier bauten ihm die Sowjets zum Tausend-Jahr-Jubiläum neben einer medizinischen Hochschule, die seinen Namen trägt, ein stattliches Museum und luden Hunderte Fachgäste aus aller Welt zum Geburtstagssymposium. Museumsdirektor Mansur Nurillayev kennt Vita und Werk des großen Sohnes naturgemäß aus dem Effeff und führt Gäste aus der Fremde gerne selbst durch sein Haus. Vor Avicennas fünfhundert Kilogramm schwerer Bronzebüste im Foyer (Sowjetstyle, keine Frage) erläutert er mir zunächst Avicennas private Verhältnisse: Dessen Vater, ein Steuereintreiber, kam aus Balkh im Norden Afghanistans, woher übrigens, wie er bedeutungsschwer anmerkt, auch Zarathustra und Rumi stammten. Um dem sonderbegabten Sohn eine angemessene Erziehung zu sichern, sei die Familie, als dieser fünf war, aus Afshona hinein nach Buchara-Stadt übersiedelt. Dort rezitierte der Knabe bereits mit zehn den kompletten Koran aus dem Kopf und eignete sich als Autodidakt so rasch ein umfassendes Wissen an, dass er bereits als Achtzehnjähriger von sich sagen konnte, er habe seine Studien abgeschlossen. In einem Gedicht formulierte er: »Von Erdentiefe bis zu Himmelshöhn / Hab' sämtliche Probleme ich erkannt, / Jedwedem Truge wusst' ich zu entgehn, / Nur eines löst' ich nicht – des Todes Band.«

Inzwischen ist der Direktor mit mir durch die ersten Säle geschlendert, hat mir medizinisches Gerät, Arzneifläschchen und Rezepte aus Avicennas Ära plus das Modell einer Apotheke gezeigt, das Archäologen in Paykent, der alten Handelsstadt an der Straße nach Merw, aus dem Boden bargen. Auch Kopien der chirurgischen Instrumente, wie sie der Meister verwendete, sind in einer Vitrine ausgestellt. Und auf einer Reliefkarte Mittelasiens die Stationen seines unfreiwillig rastlosen Lebens verzeichnet. »Stets auf der Suche nach Schirmherren und Mäzenen, denen er oft auch als Leibarzt dienen konnte, geriet Avicenna mehrmals in den Sog dynastischer Rivalitäten und Kriege«, kommentiert Nurillayev. Sein Weg führte ihn von Buchara zunächst in Choresmiens Hauptstadt Gurgan, von dort in die einstige Partherresidenz Nisa, über Tus, Nishapur, Gorgan und Ray nahe dem heutigen Teheran weiter nach Qazwin, Isfahan, und schließlich in die westiranische Stadt Hamadan. Dort habe er, endlich zur Ruhe gekommen, das Gros seiner Bücher geschrieben, sei aber dann 1037 mit nur siebenundfünfzig Jahren an den Folgen einer Darmerkrankung gestorben. Dort, in Hamadan, hätten die Iraner über den sterblichen Überresten des Unsterblichen in den 1950er Jahren ein modernistisches Grabmal errichtet – eine von zwölf hohen Betonsäulen getragene Zeltkuppel. Jede Säule für ein Forschungsfeld, in dem er arbeitete.

Der »Fürst der Wissenschaften« verfasste ungefähr hundertsiebzig Bücher, deren Themenspektrum von der Alchemie und der Astronomie über Geologie, Geometrie, Mathematik, Musik und Koranauslegung bis hin zu Logik und Metaphysik reicht. Ein Schwerpunkt seiner Arbeit lag auf dem Gebiet der Heilkunde: In dem enzyklopädischen »Kanon der Medizin« hat Avicenna so gut wie jede damals bekannte Krankheit, ihre Ursachen und Wirkungen sowie die Wege zur Heilung beschrieben. Indem er dem Patienten den Puls maß und dabei in die Augen schaute, höre ich, vermochte er achtundvierzig verschiedene Krankheiten, durch die Analyse des Atems siebenundzwanzig und durch die des Urins achtzehn zu diagnostizieren. Das auf Basis seiner praktischen Erfahrungen verfasste Buch, in dem er etwa auch als Erster Krankheitssymptome psychosomatisch deutete, den Wert von Musiktherapie beschrieb und in Ansätzen sogar Sigmund Freuds Lehre vom Unbewussten vorwegnahm, wurde seither in über hundert verschiedenen Ausgaben publiziert und diente in der lateinischen Übersetzung europäischen Ärzten lange Zeit als zentrale Wissensquelle. An den medizinischen Fakultäten zwischen Salamanca, Bologna und Paris war es bis ins 17. Jahrhundert das Lehrbuch schlechthin.

Was an dem Museum freilich auffällt: Es fokussiert einzig auf Avicennas Leistungen in der Naturwissenschaft und der Medizin. Hinweise auf seine Substanz als religiöser Denker und Philosoph fehlen fast völlig. Dabei leistete er gerade auch als Wegbereiter einer »islamischen Aufklärung« Entscheidendes. Deutete wie kein Zweiter die Texte der alten Griechen und entwickelte sie für die muslimische Kultur schöpferisch weiter. Seine Kommentare zu Aristoteles, dessen Gedankengut er mit dem der Neuplatoniker verschmolz, wurden Pflichtlektüre für alle, denen die Klärung von Widersprüchen in Glaubensfragen mittels »Vernunft« am Herzen lag. Sein Einfluss auf Albertus Magnus, Thomas von Aquin und andere Große der mittelalterlichen Theologie war entsprechend enorm. Und manche seiner Schriften, die den Wert kontemplativer Erkenntnisse hervorhoben, wurden von sufischen Mystikern überaus geschätzt. Kein Wunder, dass sein diesbezüglicher Ruhm bis heute umstritten ist, er für die einen als wichtigster Vermittler im Islam, für andere als gottloser Verräter am rechten Glauben gilt. Nichts davon findet sich in Afshona beim Museumsrundgang thematisiert. Weshalb? Ich kann es nur vermuten: Vielleicht um Konflikten mit der islamischen Orthodoxie von heute aus dem Weg zu gehen? Oder vielleicht um den Usbeken »ihren« Avicenna vorrangig als nationalen Held in der Rolle eines wissenschaftlichen Lehrmeisters des »Westens« zu präsentieren?

Meister des Manuellen

Basarbummel zu Bucharas Kunsthandwerkern

Warum nicht einen Stadtrundgang zur Abwechslung einmal mit dem Blick von einem erhöhten Logenplatz beginnen? Von der Aussichtsplattform des einstigen Wasserturms zum Beispiel, vis-à-vis dem Palast der Emire, dem Ark. Oder, eindrücklicher noch, bei Safrantee und Sesamgebäck von der Terrasse des Minor House? Von Letzterer liegt der Poi-Kalon-Komplex, dieses wohl grandioseste historische Gebäudeensemble der Stadt, zum Greifen nah und wie in Cinemascope vor einem hingebreitet – die Mir-i-Arab-Medrese (an der als einziger Hochschule in Zentralasien seit vierhundert Jahren ohne Unterbrechung der Koran gelehrt wird) mit ihrem blau schillernden Portal, die Kuppellandschaft der Kalon-Moschee und, gleich einem Ausrufezeichen einstiger Macht, Bucharas Wahrzeichen seit neunhundert Jahren: das Kalon-Minarett.

Für diesen Startplatz spricht, abgesehen von seiner Pracht, dass gleich nebenan das alte Basarviertel seinen Anfang nimmt. Zwar hat man die Ladenzeilen entlang der Straße zur Zitadelle, den alten Schmuck- und Möbelmarkt, abgerissen. An ihrer statt soll beiderseits des nunmehr nackten Asphaltbandes in Bälde – *Inschallah,* man gräbt daran – ein archäologischer Park mit Mauerfunden aus früharabischer Zeit entstehen. Auch auf den weiten Flächen zu Füßen der Burgmauern, wo man einst um Sklaven und Waffen feilschte, ist alles soziale Leben erstorben. In der Fußgängerzone östlich des Kalon hingegen geht es quirlig zu. Hier lässt sich einer ganzen Reihe altehrwürdiger Kunsthandwerkstätten die Parade abnehmen – gleich schräg gegenüber zum Beispiel der Heimstatt eines legendären Metiers: Bukhara Silk Carpets sei Usbekistans größte Manufaktur für handgeknüpfte Teppiche, erzählt mir Sabina Burkhanova, die den zugehörigen Laden betreibt, mit weltläufigem Charme in fließendem American English. Mehr als zweihundert Frauen würden, teils hier vor Ort, teils in den Dörfern der Oase draußen, in ihrem Auftrag knüpfen. Sie bilde, erfahre ich beim obligaten Tee bequem auf einem der weichen Teppichstapel sitzend, die bereits fünfte Generation des Familienbetriebs. Schaf, Ziege, Kamel: Alle Arten verfügbarer Wolle und, klar, auch Seiden werden zu vielerlei Mustern verknüpft – kaukasischen, türkischen, persischen, bucharischen, die sie dann für den Verkauf mit der Marke »Made in Buchara« versieht. Wobei Sabina mit einem verbreiteten Irrglauben aufräumt: Die für ihr satt leuchtendes Rot und das charakteristische Motiv der *Gül*, der »Rose«, berühmten Buchara-Teppiche werden seit alters im gesamten Großraum zwischen Syrdarya und Kaspischem Meer hergestellt. Und zwar hauptsächlich von turkmenischen Nomadenstämmen, deren jeder seine eigene Symbolik und Stilsprache hat. Nach der Stadt benannt sind sie nur, weil man sie traditionell hier sammelt und von hier weiterverkauft. Das familieneigene Exportgeschäft nach Europa habe, höre ich, schon zur Zeit der Russen gebrummt. Unter den Sowjets war Schluss mit privat, und der Re-Start in den Neunzigern mühsam. Die Regierung Mirsijojew aber greife ihrem Betrieb, wie allen Kunsthandwerkern im Land, neuerdings steuerlich und mit Förderungen kräftig unter die Arme. Geholfen habe ihr außerdem ein spezielles Ereignis im Jahr 2016: Da schneite eines schönen Sommertages unversehens ein gewisser Herr Xi Jinping samt Entourage bei ihr herein. Des Präsidenten Gattin hatte sich während einer Konferenz der Shanghai Cooperation Organization in Taschkent, bei der es um das Jahrhundertprojekt der New Silk Road ging, einen Besuch Bucharas gewünscht. Am Ende der Stippvisite war ein Termin zum Thema Kunsthandwerk programmiert. Zwei Minuten Smalltalk, Teppich streicheln und Shakehands vor laufender Kamera für das Pekinger Staatsfernsehen CCTV. In der Folge, lacht Sabina, hatten wir viele, sehr viele Kunden aus China.

Von der historischen Basararchitektur blieb in Buchara zwar mehr als anderswo in Zentralasien, aber dennoch traurig wenig erhalten. Die prächtigsten Zeugnisse sind jene drei *Tscharsu*, Kuppelbauten, aus dem 16. Jahrhundert, die den zahllosen Erdbeben standgehalten haben und heute, vorbildhaft renoviert, wieder Läden und Werkstätten beherbergen. Sie sind der Rest jener zum Schutz vor Hitze und Regen vollständig überkuppelten Basarstraße, die sich früher durch den ganzen *Schahristan*, den Stadtkern, wand. Doch sie erleichtern die Vorstellung erheblich, wie es hier seinerzeit zugegangen sein muss. Damals, als Buchara vom Fernhandel auf der Seidenstraße lebte. Beispielsweise im Tak-i Telpak Furuschon, dem »Basar der Mützenmacher«: In diesem raffiniert asymmetrischen sechseckigen Bau, unter dessen mächtiger Kuppel fünf Straßen in unterschiedlichen Winkeln zusammenlaufen, muss ein ständiges Kommen und Gehen gewesen sein. Immerhin galt er als beste Adresse für Mützen aus Karakulfell, für die mit Goldfäden oder Glasperlen bestickten *Tjubetejka*-Kappen und auch für jene meterlangen, kunstvoll gewickelten Turbane, die beim Tod ihres Trägers als sein Leichentuch dienten.

»Wir bewegen uns aus der höchsten in die niedrigste Welt«, hat Hugo von Hofmannsthal im Vorwort zu den Erzählungen aus »Tausendundeiner Nacht« geschrieben, »vom Kalifen zum Barbier, vom armseligen Fischer zum fürstlichen Kaufherrn, und es ist eine Menschlichkeit, die mit breiter, leichter Woge uns hebt und trägt.« Unweigerlich muss ich bei solchen Zeilen an die einsamen Künstler aus orientalischen Landen denken, wie sie auf europäischen Handwerksmessen gelegentlich als folkloristischer Aufputz herhalten – lebendige Beispiele exotischer, nicht entfremdeter Arbeit, für ein paar Tage eingeflogen für ein ahnungsloses Publikum hämmernd, webend und drechselnd. Dort sind sie rührende Relikte, hier, in ihrer Heimat, angesehene Altmeister. Tausendfach könnten Maschinen ihre Produktion übertreffen – doch wozu? Jeder hat hier zu leben. Das Gesellschaftsgefüge ist noch tragfähig, Effizienz nur in Maßen gefragt.

Wir wollen nichts beschönigen. Die Sowjetpolitik, Moderne und Globalisierung haben radikale Verwerfungen verursacht, traditionelle soziale und ökonomische Strukturen unwiederbringlich zerstört. Reste jedoch der von Hofmannsthal beschworenen Atmosphäre und Mentalität kann man in der Altstadt Bucharas noch erspüren. Eine solche Insel im Strom der Zeit ist der Tak-i Sargaron, die »Kuppel der Juweliere«. Hier, einen Steinwurf nur von Sabinas Teppichladen, befanden sich einst über dreißig

Schmuckwerkstätten samt Ambossen, Schmelzöfen, Blasebälgen. Sie sind erloschen, an ihrer statt bieten Händler nun Gewand, bestickte Tücher, Teppiche, allerlei Schmuck, Samoware, traditionelle Musikinstrumente und auch die ortstypischen *Lauh* feil, die höchst kunstvoll aus Nussholz geschnitzten, herrlich knifflig zu handhabenden Koran-Klappständer.

Doch lebendiges Schmiedehandwerk ist vor Ort auch noch vertreten: Wenn Zohir und Iskandar Kamalov, wie es in ihrer Familie seit zweihundert Jahren Tradition ist, die Messer wetzen und über der glühenden Esse die Hämmer schwingen, bis die Funken stieben, tun sie es für einen ganz und gar friedlichen Zweck: Mehrheitlich Touristen kaufen ihre Zierdolche und Messer, die teureren mit Horngriffen und Intarsien aus Perlmutt und seltenen Hölzern. Besonders populär sind die witzigen, bunten, mit ihren Schnäbeln klappernden Scheren in Storchenform. Doch fabrizieren sie auch für die einheimischen Landarbeiter Sicheln, Sensen, Schaufeln, Äxte und reparieren Werkzeuge. Und den metallenen Storch, Symbol und Schutztier der Stadt, der oben im Torbogen des südlichen Basareingangs seine Schwingen über die Passanten breitet, haben sie ebenfalls geschmiedet.

Die Wände des Ladens der Kamalovs schmücken Diplome und Zertifikate der UNESCO und aus aller Welt. Stolz zeigen Vater und Sohn auf einem Screen die Sequenz eines Dokufilms aus den Siebzigern mit dem rauschebärtigen Großpapa, der »in seinem Leben hundertzwanzig Lehrlinge ausbildete«, beim Schmieden. Und spüren sie bei Gästen echtes Interesse, holen sie Fotos ihrer kostbarsten Arbeiten hervor – Nachbildungen historischer, mit Silber und

Halbedelsteinen geschmückter Dolche und Schwerter, darunter große, doppelklingige, die sie im Auftrag ausländischer, nicht selten arabischer Kunden aus vielhundertfach geschichtetem Damaszener Stahl anfertigen.

Nach der Hitze der Werkstatt nehme ich, wenige Schritte nur weiter, bei Gertrud Schenk einen kühlenden Drink. Die Deutsche ist Künstlerin und Webdesignerin und hat 2012, »weil es damals in ganz Buchara nicht ein Kaffeehaus gab und die Leute nur Löskaffee aus Tütchen tranken«, ihr »Café Wishbone« eröffnet. Es ist in dem selbst an heißen Sommertagen wohltuend kühlen Kuppelbasar Abdullah Khan einquartiert und längst zum Treff für Touristen, aber auch ansässige Künstler avanciert. Sie lieben, keine Frage, Gertruds famose Obst- und Käsekuchen und schätzen den qualitätvollen Kaffee. Aber manche kommen auch wegen der von ihr etablierten »deutschen Ecke«. Das Konzept: Deutschsprachige Gäste begegnen einheimischen Germanistikstudenten, und während die einen ihre Sprachkenntnisse aufpolieren, erfahren die anderen Authentisches über Land und Leute.

Wie es der Zufall will, komme ich mit einem Fremdenführer ins Gespräch. Alisher ist wegen Covid zur Zeit ohne Arbeit und entpuppt sich als wandelndes Geschichtslexikon. Der Name seiner Heimatstadt, erklärt er, gehe wohl auf das alttürkische Wort Bucharak zurück, was so viel wie »Günstiger Platz« bedeute und auf die fruchtbare Lage in der Oase des Flusses Serafschan anspiele. Doch kämen auch das Sanskritwort Vihara (Kloster) oder das arabische Fakhira (für »die Stolze«) als Wurzeln infrage. Gegründet sei sie, so schätze man, um das 6. Jahrhundert vor Christus. Freilich zeugten Ruinen im Umland von noch weit älteren prosperierenden Händlersiedlungen. In Varakhsha, vierzig Kilometer nordwestlich von Buchara, hätten Sowjetarchäologen die Reste eines antiken Palastes geborgen, mit wunderschönen Wandfresken, sogdischen Königen bei der Tigerjagd auf Elefanten reitend, die man in der Eremitage in St. Petersburg aufbewahrt.

Und dann setzt Alisher zu einer historischen Tour d'horizon an: einer Chronologie der Dynastien – von den chinesischen Kuschanen, Kök-Türken und persischen Sassaniden, den Arabern, Samaniden, Choresmiern, danach wiederum türkischen Karaganiden, den Mongolen und Timuriden, den usbekischen Scheibaniden und Dschaniden bis zu den Mangiten, unter denen aus dem Khanat das Emirat Buchara wurde, das unter russischen Einfluss geriet und 1868 dem Zarenreich einverleibt wurde. Auch vom Bombardement durch Flugzeuge der Bolschewiken höre ich, das 1920 im historischen Baubestand massive Schäden verursachte, und von der Eingliederung Bucharas vier Jahre später in die sowjetische Unionsrepublik Usbekistan.

Dankbar bin ich für so viel Expertise, und er ist hörbar ausgehungert nach Zuhörerschaft. Also beschließt mein neuer Freund, mich auf dem weiteren Basarbummel zu begleiten. Er weiß auf Schritt und Tritt Spannendes zu erzählen: Ob ich schon einen der Goldsticker besucht habe? Meister Nodir Rasulov zum Beispiel in seinem Atelier! Oder Rahmon Toshev, den Großmeister der *Suzani*-Stickerei! Auch die Keramikwerkstätten in Gijduvan lohnten einen Ausflug. Und unbedingt müsse ich draußen am Stadtrand den Sommerpalast des letzten Emirs besichtigen. Ein Gang durch dessen Säle mit ihren

Holz- und Alabasterschnitzereien, den Teppichen, Glas- und Gipsarbeiten gleiche einer Leistungsschau heimischen Kunstgewerbes. Ganz toll sei dort das Suzani-Museum. Eine solch erlesene Sammlung dieser großformatigen, prächtig bestickten Wandbehänge sehe man, schwärmt Alisher, nirgendwo sonst.

Als wir das südliche Ende der zentralen Basarachse erreichen, läuft er zu Hochform auf: Die Magoki-Attori-Moschee, lerne ich, die heute ein Teppichmuseum beherbergt, sei das einzige vortimuridische Gebetshaus, ja überhaupt der älteste Andachtsort der Stadt. Die freigelegten Fundamente stammen möglicherweise von einer dem Mondgott Sin geweihten Kultstätte. Auf jeden Fall stand hier später ein zoroastrischer Feuertempel. Gänzlich verschwunden ist die indische Karawanserei neben der Kuppel der Juweliere. Das angrenzende Bad hingegen, das Hammomi Bozori Kord, sei nach wie vor in Betrieb und einen Besuch wert, um sich »mal so richtig die Muskeln durchwalken und den Alltag von der Haut schrubben zu lassen«. Als besonderer städtebaulicher Leckerbissen erweist sich der Komplex von Labi Chaus. Alisher führt mich in die beiden ehemaligen Koranschulen und die Khanaka, die Derwischherberge. Es folgt in dem kleinen Park östlich des Teiches: eine Verbeugung samt Selfie (ausnahmsweise) am Denkmal für Khoja alias Affandi Nasreddin, diesen weisen Narren, einen orientalischen Eulenspiegel, auf seinem Esel. Und schließlich: ein letzter Tee in einem der schattigen Uferlokale. Um die hundert solche Wasserbecken, höre ich, gab es noch am Ende der Khanatszeit in der Stadt, ehe die Sowjetbehörden aus hygienischen Gründen fast alle zuschütten ließen. Über den schmalen, fein säuberlich in Ziegel gefassten Kanal, der hier die Hauptflanierzeile, die Nakschbandi-Straße, säumt, wurden sie seinerzeit zweimal im Monat über ein kompliziertes Schleusensystem mit Wasser aus dem Serafschan aufgefüllt.

Zu guter Letzt bekomme ich – »wärmstens!« – eine Empfehlung mit auf den Weg: Keine Basarerkundung in Buchara wäre komplett ohne Besuch bei einem Miniaturmaler. Und deren begnadetster sei Davlat Toshev. Gleich da drüben, im Tak-i Sarafon, wo einst Hindus den muslimischerseits verpönten Handel mit Geld und Valuten betrieben, habe der sein Atelier. Wenig später stehe ich unter der prächtigen Basarkuppel vor dem Holzgittertor. Leider schon geschlossen. Für heute zu spät. Doch aufgeschoben ist nicht aufgehoben.

Die Heilkraft der Mystik

Der Miniaturmaler und der Sufi-Heilige

»Willst zu wissen, wie rasch dein Dasein verrinnt, schau auf den Bach, der durch diese Szene fließt. Oder hier, schau! – diese drei Punkte: Sie symbolisieren die Sonne im Tageslauf. Auf- und Untergang, Geburt und Tod, dazwischen das Leben, nur einen Moment lang im Zenit. Aneinandergereiht stehen die Punkte, wie die dreiunddreißig Perlen des Rosenkranzes, für die stete Erinnerung an Allah in der Meditation. Oder dieser feine Strich: Der meint unsere lebenslange Suche nach höherer Einsicht. Die Farben Schwarz und Weiß stehen für das schicksalhafte Nebeneinander von Freude und Trauer. Und hier, diese Kreislinie mit Punkt: Wir nennen sie ›Stein und Funke‹. Zwei Steine gegeneinandergeschlagen erzeugen einen Lebensfunken. Der winzige Punkt, den er hinterlässt, verpufft im Nu. Deshalb sagen weise Leute: Jede Minute und Stunde, jeder Tag ist das Paradies. Erwarte es nicht irgendwann, sondern finde es im Hier und Jetzt!«

Wer das Glück hat, von Davlat Toshev persönlich dessen Bilder erklärt zu bekommen, wird in ihnen danach nie wieder nur besonders könnerhafte Hervorbringungen eines traditionalistischen Malers sehen. So beeindruckend penibel und technisch perfekt sie auch ausgeführt sind. All den mit hauchdünnem Pinsel in teilweise mehrmonatiger Arbeit auf Seidenpapier gezauberten Gärten und Geschöpfen, all den

Pflanzen und Tieren und Fabelwesen, den Koranlesern, Derwischen, Liebespaaren und den mit arabischen Lettern komponierten Versen wohnt eine starke spirituelle Symbolkraft inne. Jede Linie und Farbe, jedes Detail, vom Granatapfel und Wiedehopf bis zu jenen winzigen Kreaturen, die Davlat – ein besonders fantasievoller Kunstkniff – gerne zum Bild eines Elefanten oder Kamels verschmilzt, haben philosophisch-metaphysische Bedeutung. Kunstmoden? Kompromisse an den Zeitgeist? Kommerzielles Kalkül? Fehlanzeige. Hier rührt einer, das spürt man schon, ehe man es dank seiner Erläuterungen zu verstehen ahnt, an Wesentlicheres. Al-barzakha heißt im Islam der schmale Grat zwischen irdischer und geistiger Sphäre, der sich nur in sehr speziellen Zuständen, Träumen oder Trance etwa, überschreiten lässt. Von dieser Zwischenwelt handeln die meisten seiner Bilder.

Davlat ist Miniaturmaler und Kalligraf. Und ohne Zweifel ein Menschenfreund. Geboren 1975 als jüngstes von acht Kindern in eine Handwerkerfamilie, hat er seine Kunst autodidaktisch erlernt und mittlerweile auf zahlreichen Ausstellungen in Europa und Übersee mit Erfolg präsentiert. Sein Laden im Kuppelbasar Tak-i Sarafon dient dem Verkauf über die Gasse. Seinen Lebensmittelpunkt hat er, nur ein paar Schritte entfernt, aber abseits des Touristengetriebes, in einer ehemaligen Karawanserei. 2018 überließ ihm die Regierung das desolate Gebäude. Er hat es, erwähnt er nebenbei, mit selbst verdientem Geld, ohne jegliche öffentliche Unterstützung restauriert. Hier empfängt er Gäste, auch kleine Reisegruppen, für Vorträge, Atelierführungen, Abendessen. Hier organisiert er Meisterklassen. Und hier betreibt er –

dies sei, sagt er, inzwischen seinem Herzen am wertvollsten – eine Miniaturmalschule. Kostenfrei erhalten etwa drei Dutzend talentierte Kids aus der Stadt bei ihm Unterricht. Er sei ihnen Lehrer und eine Art zweiter Vater zugleich. Sie stammen aus sehr unterschiedlichen Milieus, können nach Belieben kommen und gehen. Es wird zusammen musiziert, *Plov* gekocht, Karten gespielt, vor allem aber über Kunst gesprochen und natürlich gemalt.

Als Mutterland der Miniaturmalerei gilt der Iran mit Isfahan, Schiras, Herat und Täbris als Zentren. In timuridischer Zeit, dem 15. Jahrhundert, entstand eine erste Malschule in Samarkand. Sie wurde alsbald von einer jüngeren in Buchara überflügelt, aus der wiederum eigene Maltraditionen an den Höfen Baburs und weiterer indischer Moguln in Agra, Delhi, Jaipur hervorgingen. Allen gemeinsam, legt mir Davlat dar, seien die gedeckte, ins Bräunlich-Terrakottarot gehende Farbgebung und die strikte Zweidimensionalität der Darstellung. Stil und Komposition variieren je nach individuellen Vorlieben des Künstlers. Stoffe und Motive werden bevorzugt Firdausis Königsbuch, den Geschichten aus »Tausendundeiner Nacht« oder auch den Werken von Nizami, Jami, Alisher Navoi, Avicenna oder al-Biruni entnommen. Miniaturen aus Buchara sind überwiegend religiöser Natur und in der Welt der Medresen, des Wissenserwerbs angesiedelt. Undenkbar ist, im krassen Kontrast zu moderner, westlicher Kunst, die Thematisierung persönlicher Befindlichkeiten, der Weltenlage oder gar der eigenen Existenz. Vielmehr gilt es, sei es figural, sei es abstrakt durch Ornamente, die Welt des göttlichen Kosmos symbolisch abzubilden und einschlägige Traditionen für künftige Generationen zu bewahren. Häufig im

Zentrum steht das Verhältnis zwischen Lehrer und Schüler. Sein oberstes Ziel sei, bekennt Davlat, Mitmenschen zu helfen; ein zweites zentrales, in seinen Schülern Essenzielles zu hinterlassen und so auf Erden fortzuwirken. »Für mich«, sagt er, »sind meine Schüler der Schlüssel zum Öffnen des Himmelstors«.

Sufi-Geist nennen Eingeweihte, was Davlat beseelt. Und der Geist des Sufismus, des mystischen Islam, ist, was das religiöse Empfinden der großen Mehrheit seiner Landsleute bis heute entscheidend prägt. Da können islamistische Kreise noch so brachial versuchen, die Gesellschaft und ihren seit alters gemäßigten Glauben auch hierzulande mit fundamentalistischem Gedankengut zu vergiften. Usbekistan ist, wie fast der gesamte sogenannte Orient, von unzähligen kleinen und großen Gräbern und Grabmalen Heiliger überzogen. Dieses magische Netz aus Weihestätten hält die Seele des Volkes gefangen und gibt ihr zugleich Halt. Aus der Sicht der Gläubigen regeln diese Orte wie Generatoren einen unsichtbaren Strom aus Segenskräften. Die Menschen pilgern aus allen möglichen Anlässen, bei Krankheit, Streit oder unerfülltem Kinderwunsch, vor dem Beginn der Aussaat, eines Hausbaus oder einer riskanten Reise zu den Heiligen, erhoffen sich davon zugleich Schutz, Heilung und Erleuchtung. Séancen und Feste werden da abgehalten, Kerzen entzündet, Votivgaben aufgestellt, Opfertiere geschlachtet und, dies vor allem, Gebete verrichtet. Auch sind viele bestrebt, in der Nähe eines Heiligen begraben zu sein, um von dessen aus ihrer Sicht heilsamer Geistesenergie auch noch im Tod zu profitieren.

Einer der wichtigsten und meist besuchten Wallfahrtsorte liegt gut zehn Kilometer östlich von Buchara, in Kogon. Die Kleinstadt wurde Ende des 19. Jahrhunderts von Russen erbaut und Nowaja Buchara getauft. Sie diente den Rotarmisten 1920 im Bürgerkrieg als Sprungbrett für die Eroberung des Emirats. Jeder fromme Muslim verbindet ihren Namen jedoch mit dem Mausoleum von Bahauddin Nakschband, dem Begründer und Namenspatron der Nakschbandiya, einer der bis heute mit geschätzt fünfzig Millionen Anhängern weltweit größten und einflussreichsten sufischen Bruderschaften. Der als Schutzpatron von Buchara verehrte Mann lebte im 14. Jahrhundert. Seine letzte Ruhestätte wurde noch in timuridischer Zeit zum Pilgerziel. In der Folge entstand ein Komplex mit Moscheen, Medresen, Pilgerherbergen und einem Friedhof, auf dem auch viele Emire begraben liegen. Herzzone des weitläufigen Geländes, das inzwischen auch einen modernen Konferenzsaal, Hotels und ein Schlachthaus für mitgebrachte Opfertiere umfasst, ist der große, von Kolonnaden gesäumte Innenhof der Sommermoschee. Dort liegt der Sufi-Heilige unter einem weißen Marmorpodest bestattet.

An dessen Stirnseite sehe ich, wie schon bei jedem meiner Besuche in der Vergangenheit, auf einer Holzbank, eng an eng rund um den Stamm eines uralten Maulbeerbaums gedrängt, Gläubige sitzen – Jung und Alt, die Frauen mit oder ohne Kopftuch, im traditionellen Ikat-Kleid oder engen Kostüm, die Männer mit Sneakers und Jeans, manche mit, manche ohne *Tjubetejka*, der traditionellen Kappe. Aber alle haben sie die Handflächen himmelwärts geöffnet und murmeln, in Andacht versunken, Gebete. Am Ende streifen sie sich mit den Händen, es ist die althergebrachte Amin-Geste, übers Gesicht. Diskret sie beobachtend muss ich an meinen vorletzten

Lokalaugenschein in dem Heiligtum denken. Es ist nur ein paar Jahre her, war an einem Hitzetag Ende Juli und ich über die vielen Jugendlichen verwundert, die damals betend Nakschbandis Grab umstanden. Am 1. August fänden, klärte man mich auf, landesweit alle Aufnahmsprüfungen für die Unis statt. Unter Bucharas Studenten in spe sei es üblich, in den Tagen davor hier den Heiligen um Fürsprache bei Gott und um Erfolg zu bitten. Auf meine erstaunten Blicke antwortete mir damals ein Bursche: Wir Lebende seien blind. Der menschliche Geist sterbe nie. Und: Tote sehen mehr. Nachsatz: »Das ist nicht bewiesen. Aber es steht geschrieben.«

Solch hingebungsvoll praktizierte Volksfrömmigkeit ist Ausdruck eines mystischen Glaubensverständnisses, dem, vom Senegal bis nach Indonesien und gerade auch in Zentralasien, heute wie einst Abermillionen Muslime anhängen. Damit verbunden ist bei nicht wenigen, grob verkürzt formuliert, die Vorstellung, die Menschheit entwickle sich seit alters stetig auf eine Bestimmung hin, und jedermann, jedefrau sei fähig, bei Erreichung gewisser »Stufen« dieser Entwicklung unter Anleitung geistig-prophetischer Führer ein neues Sensorium auszubilden. Dabei spielen unter anderem mysteriöse »Botschaften«, die Schulung magnetischer Kräfte und das Wirken Verstorbener eine große Rolle. Dem Weg der Mystik zu folgen sei, so eine Essenz des sufischen Glaubens, ein Unterfangen, das untrennbar mit dem gesamten Dasein verbunden sei und eine Verbindung zwischen der Menschheit und der zusätzlichen Dimension der Erkenntnis herstelle. Die Wurzeln dieser Praxis, der zwar geheimes Wissen, aber kein Theoriensystem, geschweige denn Dogmen zugrunde liegen, reichen weit zurück in hinduistisches und buddhistisches, zoroastrisches, spätantikes und auch frühchristliches Gedankengut. Die Unmöglichkeit, sie mit Worten zu vermitteln, charakterisiert der Spruch: »Einen Kuss mit persönlichem Boten senden wollen«.

Als Kernbegriff im Sufismus gilt die *Silsila*: eine »goldene« Kette der Energieübertragung, die geistige Führer über frühere Generationen von Mystikern mit dem Propheten Mohammed verbindet und ihnen retrospektiv Autorität sowie die Fähigkeit verleiht, einen Orden zu gründen und Anhänger um sich zu scharen. Eingeweihte sprechen von insgesamt neununddreißig solcher Ketten. Sieben davon seien in Buchara beheimatet. Um den »Pilgerweg der sieben Heiligen« zu absolvieren, kommen viele Suchende von weit her in die Stadt. So viel zur überragenden Bedeutung der Region für die Entfaltung des Sufismus. Die zwei prominentesten Pioniere heißen Yusuf Hamadani und Abdul Khaliq al-Gijduvani und lebten im 11. und 12. Jahrhundert. Auf ihrem Denken und Wirken basiert die Lehre, der sich Mitglieder der Nakschbandiya verpflichtet fühlen.

In die Geschichte des Ordens führt, ein paar Schritte nur vom Grab seines Gründers entfernt, ein kleines *Muzeum* ein. Dort spricht mich ein älterer Herr, eine Art Kustos wohl, an. Führung gefällig? Sehr wohl. Während er mich an Vitrinen mit historischen Manuskripten und Dokumenten, Derwisch-Gewändern und -Utensilien entlangführt, unternimmt er einen etymologischen Kurzausflug: *Bahauddin* bedeute »Licht des Glaubens«, und *Nakschband* Gravierer oder Ziseleur – ein Bezug sowohl auf den Beruf seines Vaters, der Stempel zum Bedrucken von Textilien herstellte, als auch auf sein Bestreben, kraft steter Rezitation von Lobpreisungen Allahs Namen seinem Herz einzuschreiben.

Ein Schaukasten weckt mein besonderes Interesse: Er enthält vergilbte Fotografien des Mausoleums in ruinenhaftem Zustand, den Hof von Unkraut überwuchert. Die Kommunisten gingen, höre ich, gegen die Mystiker besonders rigide vor. Denn gerade die Nakschbandiya habe sich zu Zeiten des offiziell verordneten Atheismus insgeheim am intensivsten um das Seelenheil des Volkes gekümmert. Überhaupt genossen Sufi-Orden im Laufe der Geschichte phasenweise große politische Bedeutung. Rumis Mevleviya zum Beispiel, die berühmten »Tanzenden Derwische«, wurden, weil der religiösen Toleranz besonders verpflichtet, zur Blüte des Osmanischen Reiches im 16. Jahrhundert von den Sultanen in ihrem Bemühen um die Herzen christlicher Untertanen vor allem auf dem Balkan stark gefördert. Mitte der zwanziger Jahre andererseits wurden sie als wesentliche Triebkraft eines Aufstands gegen Atatürk von diesem blutig verfolgt und für lange Zeit verboten. Die Nakschbandiya ihrerseits übte schon im 15. Jahrhundert, von den Timuriden-Fürsten wie auch den usbekischen Scheibaniden darin unterstützt, die religiös-politische Kontrolle über ganz Zentralasien und in der Folge, als Verbündete der dortigen Mogul-Dynastie, auch über Nordindien aus. Ihre Anhänger waren es auch, die Mitte des 19. Jahrhunderts auf dem Gebiet des heutigen Usbekistan sowie im Nordkaukasus den anrückenden Soldaten der Zarenarmee den stärksten Widerstand leisteten. Und die im Gegenzug unter Türken als Feinde von deren Feinden stark an Sympathie und Einfluss gewannen – zumal unter konservativen, die in ihnen ein Bollwerk gegen Neuerungen »ungläubiger« Reformer sahen.

Geöffnet wurde das Pilgerzentrum hier in Kogon erst 1989, als Gorbatschows Politik der Perestroika Wirkung zeigte. Wenig später setzte, finanziert vor allem vonseiten der Türkei, sein Aufschwung ein. Treibende Kraft am Bosporus war der im Ausland kaum bekannte, für die türkische Innenpolitik jedoch umso bedeutsamere Korangelehrte und Nakschbandi-Scheich Mehmed Zahid Kotku. Er, der als Anti-Kemalist vehement einem politisierten Islam das Wort sprach, hatte drei junge Männer unter seinen Schülern, die später die türkische Politik als Minister- und auch Staatspräsidenten in entschieden islamisch-konservatives Fahrwasser lenken sollten: Turgut Özal, Necmettin Erbakan und – Recep Tayyip Erdoğan.

Die überragende geistige Bedeutung Bahauddin Nakschbandis, beteuert mein Gastgeber inzwischen beim Tee in seinem Bürokabinett, liege freilich fernab alles Politischen. Im Spirituellen. Da er seinen Anhängern verboten hatte, eine Biografie mit konkreten Einzelheiten zu verfassen, wisse die Nachwelt wenig über ihn als Person. Auch habe er im Gegensatz zu Sufis wie Rumi, Hafis, Saadi, Omar Khayam, Yunus Emre oder Ibn al-Arabi keine poetisch oder philosophisch einprägsamen Texte hinterlassen. Weshalb er bei westlichen Orientalisten nie ähnlich hohe Beachtung fand. Umso reicher sei allerdings sein Vermächtnis auf dem Gebiet der Ethik und der rituellen Praxis. Nahe an der Orthodoxie und damit der Scharia orientiert, lehnte er die in anderen Bruderschaften gängige Dhikr, die Übung der Gotteserfahrung, durch lautes Rezitieren oder gar Musik und Tanz ab. Stattdessen propagierte er das nach innen gekehrte, schweigende Meditieren. Genügsamkeit und die unaufhörliche Konzentration auf Gott galten ihm und gelten seinen Anhängern als Lebensmaximen. Hohen Stellenwert hat zudem Toleranz gegenüber Andersdenkenden und -gläubigen. »Wir tun nicht, was sie tun. Doch wir zwingen sie auch nicht, zu tun, was wir tun«, zitiert mein Gegenüber einen wichtigen Lehrsatz. Nicht zuletzt deshalb hat das historische Erbe der Nakschbandi seit der Unabhängigkeit eine wesentliche Aufwertung erfahren. Ihre Ethik wird von Regierungsseite als zentrales Element der nationalen Kultur und Gegenpol zu internationalen islamistischen Strömungen hervorgehoben und gepriesen. Ein weiteres Ideal ist die Vita activa, das Gotteslob in Form der – tunlichst sozialen – Tat, zusammengefasst mit den benediktinisch anmutenden Worten *dast ba kor wa dil ba yor*, »Gott im Herzen, die Hände bei der Arbeit«. Ein Lebensmotto, das zweifelsohne jemand wie Davlat, der Miniaturmaler, aus tiefstem Herzen verinnerlicht hat.

Koexistenz auf Zentralasiatisch

Die bucharischen Juden – eine Fährtensuche

Die meisten seiner Angehörigen leben in Eretz Israel, der Rest in den USA. Er jedoch, Emanuel Elnatanov, er bleibt. In der tiefen Bassstimme des bulligen, nicht mehr jungen Mannes mit dem Dreitagebart schwingt eine anrührende Mischung aus Melancholie und Bestimmtheit, plus ein Quantum Auflehnung gegen ein Schicksal, das tief im Inneren seiner Seele wohl auch er als unabänderlich erkennt. Emanuel ist Vorsteher und zugleich Kantor der kleineren der beiden verbliebenen Synagogen Bucharas, das einmal auch berühmt war für seine einflussreiche jüdische Gemeinde. Über zwanzigtausend Juden lebten hier noch kurz bevor die Sowjetunion kollabierte. Heute sind es keine zweihundert. Wer würde, sagt Emanuel, ginge auch er, für die Instandhaltung des Gebäudes und die Einhaltung der Ordnung beim Gottesdienst sorgen? »Wer kümmerte sich um die Alten? Den Friedhof? Und darum, dass an Festtagen alles funktioniert?«

In die Mahalla-i yehudi, das ehemals jüdische Viertel, gelangt man, wenn man seine Schritte vom Labi Chaus, dem von Teehäusern und einem Spalier methusalemischer Maulbeerbäume umstandenen Teich im Herzen der Stadt, am Eckladen des Puppenmachermeisters Khakimov vorbei, nach Süden lenkt. Das Quartier mit seinen schmalen, staubigen Gassen unterscheidet sich auf den ersten Blick nicht von anderen Wohngegenden der verwinkelten Altstadt. Auffällig ist nur die hohe Dichte an Touristenunterkünften. Gefühlt jedes zweite der weitläufigen Kaufmannshäuser ist hier in den Boomjahren vor Ausbruch der Corona-Pandemie in ein schmuckes Boutiquehotel verwandelt worden.

Auch an der unscheinbaren weißen Tür in der Sarrafon-Gasse ginge man als Fremder wohl schnurstracks vorbei. Wäre da nicht die golden glänzende Tafel mit Chanukkaleuchter und Davidstern. Ohel Yitzchak, Bucharas Hauptsynagoge, erweist sich als wohliger Ort: ein stiller Innenhof, wie im Orient üblich, von der Außenwelt durch eine fensterlose Mauer abgeschirmt. Der Gebetsraum dahinter mit flauschigen Teppichen ausgelegt, gepolsterte Stühle, Kristallleuchter, ein Bulleröfchen, die Bima mit Marmor verkleidet, Holzdecke und Holzsäule kunstvoll beschnitzt, der Toraschrein mit einem prächtig bestickten Parochet verhangen. Das Geld für die offensichtlich jüngst erfolgte Hochglanzrenovierung stamme, erfahre ich, von Spenden aus der Diaspora.

Die Wände zieren Schwarz-Weiß-Porträts von weißbärtigen Rabbinern mit ernsten Gesichtern und, typisch, würdevollen Pelzkappen, aber auch gerahmte Farbfotos jüngeren Datums mit VIP-Gästen, Madeleine Albright, Hillary Clinton, Christine Lagarde … Abram Iskhakov, der als Präsident der Gemeinde auf den meisten Bildern die Promihände schüttelt, hat auch mich mit warmen Worten willkommen geheißen. Die Kulisse sei schön, die Synagoge schließlich über vierhundert Jahre alt. Doch die *Kehillah*, die Gemeinde, sagt er, durchlebe schwierige Zeiten. Sie sei chronisch unterfinanziert. »Es gibt keinen Mohel, der die männlichen Babys beschneidet, und auch keinen

Schochet.« Geschächtetes Fleisch und überhaupt koschere Lebensmittel würden aus Taschkent angeliefert, und die Mazze für Pessach gar aus Europa eingeflogen. Nur noch zwanzig der vierhundert Schüler an der in den frühen neunziger Jahren erst gegründeten jüdischen Schule seien mosaischen Glaubens, die übrigen Muslime. Die wenigen Juden im heiratsfähigen Alter fänden keine Partner, denn die meisten Verbliebenen seien Senioren. Vor allem auch deshalb wandern stets weitere Junge aus. Wenigstens für den Minjan, das für den gültigen Gottesdienst nötige Quorum von zehn mündigen Männern, gibt es noch genug Mitglieder.

Die Zahl der bucharischen Juden weltweit wird auf eine Viertelmillion geschätzt. Fast zwei Drittel von ihnen sind in Israel zu Hause, etwa fünfzigtausend in den USA – überwiegend im New Yorker Stadtteil Queens. In Usbekistan leben gemäß jüngstem Zensus gerade noch zweitausend. Die Bezeichnung »bucharisch« bezieht sich auf alle dem Judentum Zugehörigen, die seit Jahrhunderten in Zentralasien heimisch sind und Judäo-Persisch, den auch Buchori oder Latorayi genannten, meist mit hebräischen Lettern geschriebenen Dialekt des Tadschikischen, sprechen. Manche Historiker führen sie auf den Eroberer Timur zurück, der nach der Einnahme Bucharas mehrere Hundert jüdische Familien von hier nach Samarkand deportieren ließ und der neuen Gemeinde die Etikette »Juden von Buchara« verlieh. Andere vermuten, dass die Administratoren des Zars in St. Petersburg nach der Eingliederung »Turkestans« in das Russische Imperium einen Sammelbegriff suchten, um die dortigen Juden von ihren bisherigen aschkenasischen Untertanen zu unterscheiden. Da sich die wichtigste

Gemeinde des neuen Generalgouvernements in Buchara befand, übertrug man das Attribut auf die gesamte jüdische Bevölkerung der Region.

Verschiedene Erklärungen gibt es auch für die Herkunft der bucharischen Juden. Eine These besagt, sie seien Nachfahren jüdischer Kaufleute aus Persien und Mesopotamien, die erstmals mit der Ausbreitung des Islams ab dem 7. Jahrhundert hierhergelangten. Wahrscheinlicher ist, dass die ersten schon mehr als tausend Jahre früher, unter den altpersischen Achämeniden, von diesen aus der Babylonischen Gefangenschaft befreit, nach Osten zogen. Dafür sprechen die einschlägigen Funde, die Archäologen aus jener Zeit in der Oase Merw im heutigen Turkmenistan machten. Fakt ist, dass schon im vorislamischen Iran der Sassaniden Juden hohe öffentliche Ämter bekleideten. Sogar allerhöchste: Shushandukht war als Tochter des jüdischen Exilarchen von Babylon Gattin des Perserkönigs Yazdegerd I. Fakt ist auch, dass im 9. Jahrhundert die Herrscher über das chasarische Khaganat, das sich vom Aralsee bis zum Schwarzen Meer erstreckte, die jüdische zur wichtigsten Religion in ihrem Reich machten. Und in die gleiche Zeit datieren Händlerbriefe auf Judäo-Persisch, die in Hotan, Kaifeng und sogar im ostchinesischen Hafen Kanton gefunden wurden.

Das ganze Mittelalter hindurch standen Bucharas Juden mit der restlichen Welt in regem Austausch – über Stipendien mit den rabbinischen Autoritäten in Bagdad und über den Handel mit Spanien, dem Kaukasus und China. Die berühmte Handelsorganisation der Radaniten, eine Art jüdischer Hanse, sorgte von Westeuropa bis Fernost für den Warenverkehr zwischen den verfeindeten Völkern des Abend- und des

Morgenlandes. Von Balkh über das Fergana-Tal bis nach Choresmien erblühten zahlreiche Gemeinden. So konnte im 12. Jahrhundert Benjamin von Tudela, ein sephardischer Vorläufer Marco Polos, von Samarkand als einer »großen Stadt mit fünfzigtausend Juden, unter ihnen sehr reiche und weise Männer« schwärmen. In der frühen Neuzeit freilich gerieten Tudelas Glaubensbrüder im Osten – nicht zuletzt, weil das nunmehr schiitische Persien der Safawiden das sunnitische Zentralasien vom Westen separierte – in eine folgenreiche Isolation. Gerne wird die Geschichte des Rabbi Joseph ben Moses Mamon aus Marokko erzählt. Der habe, eigentlich quer durch Asien unterwegs, um für Juden in Palästina Geldmittel zu sammeln, 1793 in Buchara Station gemacht und sei ob des Niedergangs der hiesigen Gemeinde erschrocken. Wenige nur noch beteten regelmäßig, sprachen Hebräisch, folgten den Speisegesetzen, der Kaschrut. Religiöse Kenntnisse und rituelle Observanz lagen im Argen. Also beschloss Mamon, Nachhilfe zu leisten. Er gründete eine Jeschiwa, eine Hochschule für künftige Rabbiner, führte unter anderem das Studium kabbalistischer Texte und vor allem jenen sephardischen Ritus ein, nach dem die Bucharer Juden bis heute ihre Gottesdienste und Zeremonien feiern.

Am Tag nach meinen Synagogenbesuchen führt mich ein Guide auf den jüdischen Friedhof. Der erweist sich mit seinen mehr als zehntausend Gräbern als steinerner Spiegel einer phasenweise sehr gedeihlichen Vergangenheit. Während wir über schütterem Gras die langen Reihen schmuckloser Steine entlangwandern, entziffert mein Begleiter verwitterte Inschriften – von verstorbenen Händlern und Handwerkern, Schneidern, Schustern, Seidenfärbern, aber auch von Lehrern, Professoren, Ärzten, Juristen, Künstlern. Er rümpft über die pompösen schwarzen, mit kyrillischen Lettern beschrifteten Tafeln die Nase, auf denen – »eine russische Mode« – die Gesichter der Toten eingraviert sind. Und er erzählt: von der schlimmen Zeit des Emirats im 18. und 19. Jahrhundert, als Juden, strikt ghettoisiert, fast wie Sklaven lebten, prohibitiv hohen Steuern, einem horrenden Strafenregime und ständigen Versuchen zur Zwangskonversion unterlagen. Als sie weder Land besitzen noch auf Pferden reiten, weder Seiden noch Turbane tragen durften, dafür sich einen Stoffflicken an die Brust heften, ein Seil um die Hüften binden und eine Schapka aus Pelz aufsetzen mussten. Auf dass man sie schon aus der Ferne als andersartig erkenne.

Damals, höre ich, sei es in der Region zu einer Massenbekehrung gekommen. Die äußerlich Konvertierten, abfällig *tschala* (»halbgar«, »weder noch«) genannt, praktizierten insgeheim ihre angestammten Bräuche weiter, was die muslimische Elite gegen Bestechung duldete. Sie wohnten, von allen Seiten argwöhnisch gemieden, in abgesonderten Vierteln. Ihre ehemaligen Häuser könne man in der Altstadt bis heute an den besonders niedrigen Türen und tiefer versetzten Schwellen erkennen, die sie zu geduckter Haltung zwangen. »Die Juden von Buchara sind in einer tragischen Lage«, notierte der ungarische Orientalist Ármin Vámbéry, der in den frühen 1860er Jahren, als Wanderderwisch verkleidet, in Wahrheit jedoch wohl als Geheimagent in britischen Diensten, Zentralasien durchstreifte. »Sie leben in großer Unterdrückung und werden von allen verachtet.« Kein Wunder, dass sie die russischen Eroberer als Befreier empfingen. Unter ihnen konnten sie ihre Religion endlich ungestört von staatlicher Einmischung praktizieren, erhielten erstmals Bürgerrechte und die Chance auf wirtschaftliche Entfaltung. In diesen Jahren brachten es einige als Bankiers oder im boomenden Baumwollbusiness zu großem Reichtum. Damals entstanden die eingangs erwähnten Händlerhäuser. Auch die Gumbaz-Synagoge in Samarkand, die wohl prächtigste des Landes, wurde errichtet. Zudem erlebte Zentralasien eine erste Einwanderungswelle aschkenasischer Juden, die aus dem europäischen Russland als Soldaten der zaristischen Armee oder als Händler kamen, oder als Beschäftigte am Bau der zweitausend Kilometer langen, von Taschkent bis nach Türkmenbaşy führenden Transkaspischen Eisenbahn.

Zum Schluss zeigt mir mein Cicerone das Denkmal und die Tafeln mit den Namenslisten der über zweihundertfünfzig im Kampf gegen Hitler-Deutschland gefallenen Juden der Stadt. »Unser Schicksal«, sagt er, »war auch unter den Sowjets ein sehr zwiespältiges.« Die ersten Jahre nach der Oktoberrevolution seien von großem Optimismus geprägt gewesen. Judäo-Persisch wurde als eigenständige und förderungswürdige Sprache geschätzt, in Zeitungen und Büchern gedruckt und an Schulen gelehrt. In Taschkent und Kokand eröffneten jüdische Bildungsanstalten, in Samarkand ein eigenes Museum, später in Buchara ein Theater. Der usbekische Schriftstellerverband und mit der Jewsekzija sogar die Kommunistische Partei erhielten jüdische Sektionen. Als fatal erwies sich allerdings das Diktat, auf landwirtschaftliche Arbeit umzusatteln. Über Generationen in Handel und Handwerk tätig, verstanden sich die Juden nicht auf ein kollektivistisches Leben auf dem Land. Entgegen dem idyllischen Bild, das die Sowjetpropaganda zeichnete, verschwanden die jüdischen Kolchosen so rasch, wie sie entstanden waren. Viele Zwangsumgesiedelte starben an Krankheiten und Hunger. Viele andere verarmten, in die Städte zurückgekehrt, im Zuge des allgemeinen, durch Bürgerkrieg, Enteignungen und die Zerstörung der Privatwirtschaft verursachten ökonomischen Niedergangs. Aufstieg und Furor Stalins verschärften dann nochmals die Lage. Massenweise Rekrutierungen als Fabrikarbeiter, Razzien, Konfiskationen von Edelmetallen und religiöse Repression bewogen Abertausende Juden zur Emigration, vor allem nach Palästina. Bereits 1928 waren so gut wie alle Synagogen geschlossen und Glaubensaktivitäten verboten. Der Terror kulminierte in den späten Dreißigern. An die tausend Bucharer Juden starben in den Lagern des Gulag. Während wenig später weitere Hunderttausende Aschkenasim, diesmal aus Polen, Belarus, der Westukraine auf der Flucht vor der Shoah hierher evakuiert wurden. Und bei der Bevölkerung durchwegs solidarische, gastfreundliche Aufnahme fanden.

Der nach dem Weltkrieg fortgesetzte staatliche Antisemitismus ließ in Kombination mit der anti-israelischen Politik der UdSSR und den tristen Lebensverhältnissen in den Siebzigern weitere siebzehntausend auswandern. Transitort auf dem Weg nach Übersee war für sie, wie für insgesamt eine Viertelmillion jüdischer Emigranten aus dem Sowjetraum, Wien. Darauf hatten sich das Breschnew-Regime, Golda Meir und Österreichs Bundeskanzler Bruno Kreisky geeinigt. Mehrere Hundert Familien übrigens, die in der Fremde nicht Fuß fassten und denen die sowjetischen Behörden ein Visum zur neuerlichen Einreise verweigerten, blieben seinerzeit in

Wien hängen. Sie bildeten die Keimzelle der dort mittlerweile auf zweitausend Mitglieder angewachsenen und damit größten Gemeinde bucharischer Juden auf europäischem Boden.

Und die Geschicke daheim, seit Usbekistan unabhängig ist? Dort vollzog sich nach 1991 aus Sorge vor einem nationalistischen und islamistischen Backlash erst einmal der große (beinahe) finale Exodus. Die Sorge erwies sich als weitgehend unbegründet. Selbst jene Jüngeren, die zwar im Geist schon auf dem Sprung nach Übersee sind und nur vorläufig noch bleiben, weil betagte Verwandte der Obsorge bedürfen, preisen das Land als einen Ort, wo Juden und Muslime – wie ungewohnt für Israelis und viele Europäer! – Seite an Seite konfliktfrei leben. Ein Grundtenor meiner Gesprächspartner in der Synagoge beim Tee lautete: Nie, nie habe man hier persönlich vonseiten der Einheimischen Antisemitismus verspürt. Pogrome von europäischen Ausmaßen kenne man nicht. Offenbar haben die gewaltigen sozialen Umwälzungen und Anfechtungen durch den Atheismus den Glaubensunterschieden ihre Schärfe genommen. So sei es, erzählt ein Senior, seit er denken könne gang und gäbe gewesen, sich gegenseitig zu Festen einzuladen. Die muslimischen Gastgeber waren nicht gekränkt, wenn die Juden gerade Fastenzeit hatten oder ihr koscheres Essen mitbrachten. Im Gegenzug durchbrachen jene ohne Problem ihr religiöses Reglement, wenn es galt, an einer Totenmesse für muslimische Freunde teilzunehmen. Jüdische Sängerinnen sangen bei muslimischen Hochzeiten und Begräbnissen ihre rituellen Lieder. Und Muslime fanden nichts dabei, sich von jüdischen Ärzten kurieren oder von Barbieren rasieren zu lassen.

Gewiss, man assimiliert sich nicht, lebt selbstbewusst in der eigenen Gemeinschaft, praktiziert mit Bedacht seinen Glauben und die angestammten Sitten. Doch was die winzige Minderheit und die große Mehrheit eint, ist die Einbettung in gemeinsame, traditionelle Lebensweisen und Werte: die Normen des Alltagslebens, das Gewicht von Familie und Nachkommenschaft, das Ehren der Alten, die strenge Befolgung religiöser und familiärer, von archaischen Elementen getragener Bräuche.

Bestehen oder vergehen also? Die kollektive Absicht der jungen Generation scheint klar. Alterskurve und Prognosen verheißen nichts Gutes. Für sich persönlich freilich hat einer wie Abram Iskhakov diese Frage ein für alle Mal entschieden. »In Israel und Amerika gibt es Millionen von Abrams wie mich. Hätte ich zwei Leben, ich würde eines im Gelobten Land zubringen.« Aber er habe nur eines, und sein Platz sei hier, wo er eine Aufgabe habe und sich wohlfühle »wie ein Fisch im Wasser«. Entscheidend für ihn sei, durch seine Präsenz die Geschichte der Juden Bucharas, ihre Sprache und Traditionen bewahren zu helfen. Oder, mit den Worten Emanuel Elnatanovs: »Ja, ich weiß es: Gott will nicht, dass ich emigriere.«

Das Erbe Buddhas

Termiz: Ein Scharnier der Kulturen an der Grenze zu Afghanistan

Eigentlich habe immer ich mich auf Recherchereisen in wüsten Gegenden als das Kamel auf zwei Beinen empfunden. Unermüdlich durchs Gelände stapfend, grenzenlos neugierig und genügsam, was Wasser- und Kalorienverbrauch betrifft. Aber in Rayhon, dünkt mir, habe ich heute meine Meisterin gefunden. Ein kleiner Snack zwischendurch? Eine kurze Rast? Zumindest ein wenig Wasser tanken? Wie wär's? *Njet*, lächelt sie. Nicht nötig. Sie hat mir noch so viel zu zeigen.

Vor sechs Stunden hat mich dieses Energiebündel von einer Frau unter ihre Fittiche genommen. Auf dem Programm: die Besichtigung der touristischen Highlights ihrer Heimatstadt Termiz. Rayhon Nuraliyeva ist im Hauptberuf Museumskustodin. Ein Zubrot verdient sie sich, welch Geschenk für alle Wissbegierigen, als Fremdenführerin. Meine bedauernde Bemerkung, allzu viele Gäste würden ja wohl leider nicht die lange Anreise bis hierher, in den äußersten Landessüden, auf sich nehmen, nickt sie, ohne zu widersprechen, souverän weg.

Der erste Weg hat uns am frühen Vormittag – es geht nichts über eine systematische Erstorientierung – an ihren Arbeitsplatz geführt. Das Archäologische Museum ist 2002 aus Anlass des Zweitausendfünfhundert-Jahr-Jubiläums von Termiz eröffnet worden.

Es gilt als eines der besten Museen in ganz Usbekistan und beschäftigt sich als einziges ausschließlich mit Altertumswissenschaft. Allein vor der riesigen Reliefkarte im Foyer stand ich mindestens eine halbe Stunde. Zum einen, weil ihr Studium mir Neuankömmling die spektakuläre Vielfalt an Landschaftsformen plastisch vor Augen führte, mit der Surkhandarya, die südlichste der insgesamt vierzehn Provinzen, aufwartet – vom Amudarya, der hier, gleichsam vor der Haustür, auf nur dreihundert Metern Seehöhe die Grenze zu Afghanistan markiert, bis hinauf zu dem gewaltigen, weit auf tadschikisches Territorium ausgreifenden Hissar-Gebirge. Auf den Hazrat Sulton, jene mit viertausendsechshundertdreiundvierzig Metern höchste Erhebung der Republik, die in Sowjetzeiten den wahrlich geschmeidigen Namen »Berg des 22. Kongresses der Kommunistischen Partei« trug, wies mich Rayhon ebenso hin wie auf die grandiosen Canyons, Höhlen, Flüsse, Gletscher. Und mit Nachdruck unterstrich sie das enorme Potenzial solcher Prachtnatur als Tummelplatz für Abenteuer- und Öko-Touristen. Es bräuchte nur internationale Investoren!

Zum anderen aber vermittelte mir meine Begleiterin mit dem Zeigestab in der Hand auch einen ersten Eindruck von der außerordentlichen Geschichtsträchtigkeit des Gebiets. Ob von Neandertalern bewohnte Höhlen, Petroglyphen oder bronzezeitliche Kultstätten und Gräber, ob Siedlungsreste, Festungs- oder Klosterruinen von Zoroastriern, Buddhisten, Nestorianern, Griechen und den zahlreichen über das Land gekommenen Reiter- und Nomadenvölkern: Im hiesigen Boden hinterließen sie alle wertvolle Spuren.

Der darauf folgende Streifzug durch die zehn Säle der Sammlung schärfte mein Bewusstsein für die Ausnahmestellung dieser Region, die antike Historiografen Bactria nannten, weiter. Abertausende Jahre und zahllose Herrschergeschlechter defilieren da am staunenden Besucher vorbei – von den Pionieren der Sesshaftigkeit bis zu den russischen Kolonisten, von Alexander dem Großen, der mit seinem Heer hier den Oxus (so hieß der Strom in der Antike) an einer Furt überquerte und eine Festung (Kampir Tepe) gründete, über die im Westen kaum bekannten Kuschanen, die fünfhundert Jahre später kraft ihres Imperiums, das vom Kaspischen Meer bis an den Ganges reichte, machtpolitisch mit den rivalisierenden Parthern und Han in einer Liga spielten, bis zu den arabischen, mongolischen und türkischen Invasoren. All deren Bilder und Büsten, Skulpturen, Stelen, Säulenkapitelle und Sarkophage, Werkzeuge und Waffen, Siegel und Schmuckstücke, Spiele, Keramiken, Kosmetika und Münzen zeugen von einer kulturellen Leistungsdichte, die allen unverbesserlichen Eurozentristen unter ihre erhobenen Nasen gerieben gehörte.

Im Anschluss haben wir zunächst den wichtigsten Baudenkmälern aus islamischer Zeit in der Gegend die Reverenz erwiesen – der Pilgerherberge Khanaqa Kokildor, dem samanidischen Ziegelminarett in Jarkurgan und Qirq Qiz Qala, der »Festung der vierzig Jungfrauen«. Auch dem offensichtlich reichen Clan der örtlichen Sayyiden, direkten und daher hochverehrten Nachkommen des Propheten Mohammed, zollte ich gebührlich Anerkennung, indem ich den im Laufe von sieben Jahrhunderten errichteten mehr als hundertvierzig Grabbauten seiner Mitglieder in der Nekropole Sultan Saodat die Parade abnahm. Ein Höhepunkt aber war der Besuch im Mausoleum von al-Hakim at-Termizi. Der als Termiz Ata, »Vater« und Schutzpatron der Stadt, gepriesene Weise lebte – asketisch, wie es sich für seinesgleichen gehört – im 9. Jahrhundert und gilt als frühester der großen auf heute usbekischem Boden wirkenden Sufis. Er schrieb über zwei Dutzend mystisch-philosophische Bücher, darunter Traktate »über die Hierarchie der Heiligen« und »den Aufbau des inneren Herzens«, und gründete den Derwischorden der Hakimi. Bis heute kommen an sein aufwändig dekoriertes Grab, das ein wunderhübscher Botanischer Garten umrahmt, scharenweise Gläubige in der Hoffnung auf Fürsprache und Segenskraft.

Inzwischen ist es mittlerer Nachmittag und, obwohl schon Ende September, schweißtreibend heiß. Im Hochsommer, erfahre ich, könne das Quecksilber in Termiz nahe an die Sechzig-Grad-Marke klettern. Gänzlich unerträglich mache das Klima dann der berüchtigte Afghanez, der sandige Südwind, der sommers häufig vom Hindukusch herabbläst. Auf Youtube gebe es ein Video, auf dem sich einheimische Jugendliche auf dem glühenden Straßenasphalt Spiegeleier braten.

Wir stehen ein paar Kilometer nordwestlich der Stadt, nahe der Straße nach Sherabad, auf einem Baumwollfeld. Vor uns erhebt sich, etwa zehn Meter hoch, ein merkwürdig zylindrischer Turm aus ungebrannten Ziegeln. Er weckt Erinnerungen an ähnliche Bauten in Südindien und Sri Lanka. Wind und Wetter haben ihn arg zernagt. Was freilich seine religionsgeschichtliche Bedeutung nicht schmälert. Denn Zurmala, so heißt der kariöse Stumpf, ist Farsi und bedeutet so viel wie »bester Mullah«. Offenbar wurde er auch als Minarett genutzt. Doch in Wahrheit hat er mehr als zweitausendeinhundert Jahre auf dem Buckel und ist der immer noch imposante Rest eines Stupa – die älteste einer Reihe frühbuddhistischer Kultstätten, die Archäologen im Umland von Termiz zutage förderten. Kultstätten, die für viele Bildungsreisende der hauptsächliche Beweggrund sind, die fast sechsstündige Autofahrt aus Samarkand zu unternehmen.

Im 3. vorchristlichen Jahrhundert hat König Ashoka, berühmt für seine in ganz Indien mittels Säulenedikten propagierte Toleranz, Missionare auch nach Baktrien entsandt. In der Folge entstand hier, am Nordufer des Amudarya, ein Zentrum buddhistischer Gelehrsamkeit, wo über Jahrhunderte heilige Texte aus dem Sanskrit ins Baktrische übersetzt wurden. Von diesem nordwestlichsten Außenposten der buddhistischen Welt gelangte die Lehre des Siddhartha Gautama schließlich über die Seidenstraße weiter ostwärts nach China, Korea und Japan. Noch 632, hundert Jahre nach der örtlichen Machtübernahme durch die persischen Sassaniden und nur vierzig vor der Invasion der Araber, berichtete der chinesische Pilgermönch Hsuan-Tsiang, der auf seiner legendären Odyssee nach Indien auch »Tocharestan«, Zentralasien, durchquerte, er habe in Termiz zehn aktive Klöster vorgefunden, bevölkert von zwölftausend Mönchen, die im regen geistigen Austausch mit Glaubensbrüdern in Ostasien standen. Das im Rückblick Erstaunliche: Lange Zeit herrschte hierzulande offensichtlich beachtlicher religiöser Großmut. So ließen die Könige von Graeco-Baktrien und Kuschana etwa nicht nur Münzen mit den eigenen Konterfeis prägen, sondern auch solche mit Bildnissen von altorientalischen, olympischen und sogar von Hindu-

Gottheiten. Zeus, Athene, Poseidon, Shiva mit dem Nandi-Stier … Mein persönliches Lieblingsstück zeigt auf einer Seite Buddha, auf der anderen Ahura Mazda, den Weltenschöpfer der Zoroastrier.

Auch Bildhauerei und Baudekor Baktriens beglaubigen ein zutiefst synkretistisches Weltbild. Da finden sich Lotusblüten neben Akanthusblättern auf korinthischen Kapitellen neben Elefanten und Greifen, zwei traditionellen Machtinsignien auf dem Subkontinent; dazu Gesichter mit klassisch-antikem Profil und gelocktem Haar neben persischen Schnauzbärten und Mandelaugen: Kein Wunder, pflegte man auch hier mit Hingabe den Gandhara-Stil, jene im nahen Nordpakistan entstandene Melange aus hellenistischen und indischen Einflüssen, der die Kunstgeschichte unter anderem die ersten figürlichen Darstellungen Buddhas verdankt. Famosester einschlägiger Fund war eine aus hellem Marmorkalk gemeißelte Ansicht des meditierenden, von zwei Schülern flankierten Religionsstifters unter dem Bodhi-Baum. Diese Triade ist heute im Historischen Museum von Taschkent zu bewundern und nur die herausragendste einer Vielzahl von Kostbarkeiten, Wandbildern, Münzen, Keramikfragmenten, der Statue eines stehenden Buddha im Strahlenkranz, die ein usbekisch-russisches Forscherteam in den späten sechziger Jahren der staunenden Fachwelt präsentierte. Die Grabungsstätte Fayaz Tepe war ein Triumph der Sowjetarchäologie in der bleiernen Breschnew-Zeit – ein Klosterkomplex, eineinhalb Hektar groß und begründet im ersten Jahrhundert nach Christus, mit Refektorien, Küchen, Pilgerherbergen, Ställen für Pferde und Kamele, einem Klausurbereich und, als sakralem Zentrum, mit einem Säulensaal samt Weihebecken und Altar, wo die Mönche, wie Rayhon betont, auch zoroastrische Kulte praktizierten und Inhalte lehrten. Wahrzeichen der Anlage ist ein etwas abseits auf quadratischer Terrasse postierter Stupa. Des Öfteren, erfahre ich, kämen Pilgergruppen eigens aus Ostasien angereist, um den seit einer Generalrenovierung durch eine Betonkuppel geschützten Bau Sutren rezitierend zu umschreiten. Es heißt, er enthalte mehrere Fingernägel des »Erleuchteten«, die man nach seiner Kremierung aus der Asche geborgen hat.

Weitläufiger und auch wichtiger noch war, weil eine royale Stiftung, das keine zehn Gehminuten entfernte Kloster Kara Tepe. Als dessen Bau- und Schutzherr fungierte kein Geringerer als Kaiser Kanischka der Große, der von seiner Residenz im heutigen Peschawar aus Mitte des 2. Jahrhunderts über das Kuschanenreich am Höhepunkt seiner Blüte herrschte. Die hiesigen Mönche hatten der adeligen Elite zu dienen und oft hochrangige Gesandte aus Nachbarreichen zu bewirten. Mauerreste belegen unter anderem die Existenz von zehn Stupas, einer riesigen Zeremonienhalle und, als Rückzugsort zur Übung der inneren Einkehr, einem Dutzend in den Fels geschlagenen Zellen.

Vom Hügel über diesen Höhlen schweift der Blick über das riesige Grabungsgelände. Schwierig vorzustellen, dass sich vor fast zweitausend Jahren, wo jetzt sandige, schattenlose Öde gähnt, ein Schahristan mit quirligen Basaren, Wohnvierteln und üppig-grünen Feldern und Gärten erstreckte. Auf dem Aussichtspunkt oben skizziert mir Rayhon zum besseren Verständnis, herrlich salopp, ganz Oldschool-Guide, mit einem Stock im Sand die Topografie der Region. Hier, im Westen, keine Autostunde entfernt: Turkmenistan. Im Osten: Tadschikistan mit der Hauptstadt Duschanbe sowie Vakhsh und Pjandsch, den beiden Quellflüssen des Amudarya. Und hier, direkt zu unseren Füßen, stark mäandrierend, sehr breit und entsprechend seicht: der legendäre Strom. Am diesseitigen Ufer (kurz richtet sich Rayhon auf und deutet auf die Minenstreifen und Stacheldrahtzäune der Grenzbefestigung): Usbekistan. Vis-à-vis: die Provinz Balkh, Afghanistan. In der Flussmitte: die Insel Aral-Paygambar – einst viel besucht als angeblicher Begräbnisort eines biblischen Propheten namens Dhul-Kifl alias Ezechiel, heute Naturschutzgebiet und vom usbekischen Militär zur strikten No-go-Area erklärt. Zwanzig Kilometer stromaufwärts schließlich: die berühmt-berüchtigte »Brücke der Freundschaft«, erbaut Anfang der achtziger Jahre von den Sowjets zur schnelleren Versorgung ihrer Invasionstruppen im südlichen »Bruderland«.

Ebenfalls im Osten liegt, in der staubigen Hitze flirrend mehr zu erahnen als zu sehen, Termiz. Die Provinzhauptstadt sei, bekomme ich erklärt, relativ jungen Datums. Old Termiz, das weiter westlich lag, unter anderem auch die buddhistischen Klöster umfasste und schon in der Antike mehr als fünfhundert Hektar maß, wurde, wie so viele Metropolen Mittel- und Vorderasiens, 1220 von Dschingis Khan ausradiert. Seine späte Nachfolgerin ist ein Produkt des Great Game zwischen Russen und Briten um die Vorherrschaft in Zentralasien: Mitte der 1890er Jahre kaufte das Zarenreich rund um ein Dorf namens Pattakessar Ländereien und begann mit dem Bau einer Garnison. Festung und Siedlung wuchsen rapide. Um 1900 waren bereits Zehntausende Militärs stationiert. 1928, nunmehr unter dem roten Stern, erhielt der Ort das Stadtrecht und den traditionsreichen Namen (der sich vom Sanskrit-Wort taramato für »Ort hinter dem Fluss« ableiten dürfte). Im Kalten Krieg, und intensiver noch nach dem Einmarsch in Afghanistan, avancierte Neu-Termiz zum Dreh- und Angelpunkt aller Aktivitäten der Sowjetarmee entlang der so neuralgischen Grenze.

Als die Sonne zum Sinkflug gen Horizont ansetzt, zeigt das lange Umherwandern und Erklären doch Wirkung. Rayhon willigt in einen Abschlussdrink ein. Im Café landen wir rasch in der Gegenwart. Nun erfahre ich von der grassierenden Arbeitslosigkeit, die, höher noch als im übrigen Land, hiesige Männer zuhauf zur Arbeitsemigration vor allem nach Russland zwingt (und sie dort mit dem latenten, oft auch offenen Rassismus gegenüber ihresgleichen konfrontiert). Das langfristige Getrenntsein münde häufig in Scheidungen. Viele Frauen mit ihren Kindern, im Durchschnitt hier im Süden mehr als drei, seien auf sich gestellt und verarmt. Überhaupt ist der Lebensstandard in Surkhandarya besonders niedrig. Und das trotz der nicht unbeträchtlichen Vorkommen an Öl, Gas, Kohle und Uran. Die Mehrheit der Dörfler komme nur dank ihrer kleinen Landwirtschaft, dem Obst und Gemüse aus dem eigenen Garten und ein paar Stück Vieh, über die Runden.

Wehmütig erwähnt Rayhon die Erzählungen ihrer Eltern von den goldenen achtziger Jahren. Damals – Hakim at-Termizi kochasi, der breite Hauptboulevard, an dem wir grünen Tee und Granatapfelsaft schlürfend sitzen, hieß noch Leninsky Prospekt – führte die Sowjetarmee im südlichen Nachbarland Krieg. Termiz blühte dank der hier stationierten Soldaten und ihrer Familien auf. Es gab Kulturhäuser, eine Philharmonie, allerlei Klubs und Sportangebote. Und der Zentralmarkt ging von Westware über. Von weither, aus Samarkand und Duschanbe sogar, kamen die von Mangelwirtschaft geplagten Menschen, um Videorekorder, Jeans, Kaugummi zu kaufen. Nicht nur Milizionäre und Grenzpolizisten, alle profitierten vom Schmuggel. Der allerdings fand 1998 ein abruptes Ende, als die Taliban die nur hundert Kilometer entfernte afghanische Provinzhauptstadt Mazar-e Sharif einnahmen und die Regierung in Taschkent daraufhin die Grenze hermetisch schloss.

Die große Wohlstandszäsur lag damals freilich schon Jahre zurück: Nach dem Ende des Afghanistankriegs (1989) und dem dadurch beschleunigten Zerfall der Sowjetunion (1991) hatte Moskau all seine Soldaten aus Termiz abgezogen. Parallel kollabierte die Industrie, schlossen die meisten Fabriken für immer ihre Tore. Gehaltszahlungen wurden schlagartig eingestellt, Gas- und Stromzuleitungen – und damit auch die Heizung – vielerorts gekappt. Der Wohlstand schmolz noch rascher als die Gletscher des Pamir und des Alai-Gebirges, deren Eis – noch! – den Amudarya speist. In den nuller Jahren erholte sich die Hundertvierzigtausend-Einwohner-Stadt einigermaßen. Weitreichende Pläne für den grenzüberschreitenden Handel, ein Logistikzentrum, Ausbau der Verkehrsinfrastruktur wurden geschmiedet, neue Geschäftsfelder erschlossen. Usbekistan liefert beispielsweise an Afghanistan mehr als die Hälfte der dort benötigten Elektrizität. Keinen geringen Anteil am Aufschwung – die örtliche Konjunktur hing immer maßgeblich von der Präsenz von Militärs ab – hatte die Stationierung deutscher Bundeswehrsoldaten im Rahmen der von der NATO geführten

ISAF-Mission. Doch die zogen 2015 ab. Und seit dem Sommer 2021 haben südlich des Amudarya erneut die Taliban das Sagen. Wohl nicht nur für die Afghanen, von denen nicht wenige teils als Flüchtlinge, teils dauerhaft mit regulärem Visum in Termiz leben und arbeiten, steht über der Zukunft wieder einmal ein großes Fragezeichen.

Gewebte Regenbögen

Margilan im Fergana-Tal – am Knotenpunkt der Seidenherstellung

Legendäre Gewebe bedürfen offenbar legendärer Schöpfungsgeschichten: Vor langer, langer Zeit, erzählen die Menschen in Margilan gerne, habe ein Herrscher über die Stadt, ein Khan, beschlossen, sich mit einer fünften Frau zu vermählen. Seine Wahl sei auf die blutjunge, bildschöne Tochter eines armen Webers gefallen. Um sein Kind vor der Zwangsheirat zu bewahren, habe dieser den mächtigen Mann bekniet, er möge von seinem Begehr ablassen. Und die Antwort erhalten, unter einer einzigen Bedingung würde der das tun: Wenn ihm der Bittsteller etwas so Außergewöhnliches darbrächte, dass er den Liebreiz der Auserwählten vergäße. Verzweifelt habe der Weber daraufhin am Ufer eines Bewässerungskanals über der unmöglichen Aufgabe gegrübelt. Als er so saß und sann, kam die Sonne hervor und beschien die sich kräuselnden Wellen, auf denen sich nun die Bläue des Himmels, die schneeweißen Wolken und die blühenden Bäume ganz zauberhaft spiegelten. Da sprang der gute Mann auf, dankte den Göttern für die Eingebung und eilte in seine Werkstatt. Am nächsten Morgen präsentierte er dem Khan ein Stück Seide, so berückend schön, wie dieser nie eines gesehen hatte. Auf die Frage nach dem Geheimnis hinter dem wundersamen Stoff antwortete er: »Ich nahm vom Regen gewaschene Blätter, fügte Tulpenblüten hinzu, eine Prise Morgenröte, Nachtschwärze, Sonnenlicht, das auf Wasser trifft, und das Leuchten der Augen meiner Tochter.« Der hohe Herr, heißt es, habe die Hochzeit stante pede abgesagt.

So herzbewegend sich diese Anekdote auch lesen mag, so eindeutig entbehrt sie jeglicher Grundlage. Denn abgesehen davon, dass wohl kein Autokrat dieser Welt Machttrieb und Sinnenlust dauerhaft durch textile Anmut sublimiert: Die Herstellung von Khan-Atlas, der »Königlichen Seide«, klappt nicht, Hokuspokus, über Nacht. Sie ist vielmehr sehr komplex, umfasst Dutzende Arbeitsschritte und erstreckt sich entsprechend über Wochen. Historisches Fakt hingegen ist, dass die Wiege der zentralasiatischen Seidenerzeugung tatsächlich in Margilan stand. Vor dem Hintergrund archäologischer Funde feierte die Stadt im südlichen Fergana-Tal 2007 mit viel Pomp ihr zweitausendjähriges Bestandsjubiläum. Die hiesige Regenbogenseide fand schon in spätantiker Zeit, ob ihrer Qualität selbst von chinesischen Meistern des Webermetiers gerühmt, auf Kamelrücken über die – deshalb so benannte – Seidenstraße ihren Weg an den Bosporus und von dort auf die Märkte Europas. Als *Abrmatolar* bezeichnet man diesen himmlischen Stoff in Usbekistan, die Kunst, ihn herzustellen, als *Abrband*. Das Doppelwort stammt aus dem Persischen und bedeutet, unnachahmlich in seiner Poesie, das »Zusammenbinden von Wolken« – ein Verfahren, das eng mit der international vor allem aus Indonesien bekannten Ikat-Technik verwandt ist. *Abrmatolar* aus Margilan galt lange Zeit als Äquivalent zu Gold, wurde als kostbares Gut verschenkt, in Familien über Generationen vererbt und als Zahlungsmittel für Handelsgeschäfte genutzt.

Heute buhlt das schmucke, gut zweihunderttausend Einwohner zählende Städtchen, weil es keine überragenden Baudenkmäler besitzt, mit seinem seidenen Erbe um Besucher. Wer nur zum Einkaufen herkommt, steuert am besten den Kumtepa-Basar an. Hier, fünf Kilometer westlich des Zentrums, findet man donnerstags und sonntags lokal erzeugte Seidenstoffe in allen nur denkbaren Muster- und Farbkombinationen – das umfassendste Sortiment in ganz Zentralasien. Und zwar, der aktuellen Mode gemäß, von Saison zu Saison wechselnd, und vorwiegend als Meterware. Denn usbekische Frauen schneidern sich ihre Kleider für gewöhnlich selbst. Will man allerdings den Werdegang der Seide authentisch erleben, ist die Manufaktur Yodgorlik die Adresse der Wahl. Ihr Name, zu übersetzen mit »Denkmal« oder »Andenken«, trifft es ganz gut: »Yodgorlik ist nicht nur eine Fabrik, sondern zugleich das Museum einer Fabrik«, schwärmt Azamchon Abdullayev, der Generaldirektor. »Bei uns kann man unter einem Dach den gesamten Produktionsprozess vom Kokon bis zum fertigen Stoff und Seidenteppich verfolgen. Und all das auf Basis der überlieferten Traditionen von Margilan.«

Tatsächlich wähnt man sich, hat man das im typischen Fergana-Stil mit Holzgittern geschnitzte Fabrikstor durchschritten, in einer wundersamen Zeitkapsel – auf Exkursion in eine Art textilindustrielles Mesozoikum. Im Innenhof der Anlage wirft, programmatischer könnte der Willkomm nicht sein, ein knorriger Maulbeerbaum breite Schatten. Rechts vom Eingang: der Verkaufsraum, darin, auf Holztischen gestapelt und fotogen über die Wände drapiert, ein herrlich mannigfarbiges Sammelsurium von Stoffballen, Kleidern, Schals, Tüchern, Tischwäsche. Durch die geöffneten Fenster und Türen der umliegenden Werkshallen hört man es heftig rattern und rasseln und klappern – eine Geräuschkulisse wie aus einem Dickens-Roman.

Die Erscheinung des Chefs passt zum Ambiente: Von Effizienz- und Umsatzgetriebenheit offenbar wenig angekränkelt, rekapituliert er beim Interview in onkelhaftem Plauderton seine Berufslaufbahn. Yodgorlik wurde 1972 gegründet, er, Abdullayev, 1981 eingestellt. Als man den Betrieb elf Jahre später privatisierte, übernahm der diplomierte Ökonom die Leitung. Zur Sowjetzeit hatten in Margilan zwei riesige Seidenkombinate existiert. Sechsundzwanzigtausend Beschäftigte stellten dort im Jahr hundertfünfzig Millionen Stoffmeter her. Die Qualität, rümpft mein Gegenüber die Nase, war entsprechend minder – Massenware mit hohem Polyesteranteil – und der Produktionsablauf aberwitzig bürokratisch. Planwirtschaft eben. Auf die eine oder andere Art waren alle fünfzehn Unionsrepubliken in die Materialbeschaffung involviert. Der Staat selbst betrieb die Inkubatoren für die Insekteneier. Die geschlüpften Raupen wurden zur Aufzucht an Kolchosebauern geliefert, die ihrerseits die fertigen Kokons (es dauert einen guten Monat, bis sich die Tierchen an Maulbeerblättern satt gefressen und verpuppt haben) wieder an die Regierung verkauften. Die Betreuung der Raupen oblag dem Ministerium für Landwirtschaft, ihre Weiterverarbeitung dem für Leichtindustrie. Beide hatten ihren Sitz in Taschkent, unterstanden jedoch, versteht sich, Moskauer Kontrolle. Vom Vertrieb, geschweige denn Exportmarkt der fertigen Seide hatten die Ausführenden in Margilan keine

Ahnung. Dafür war die zentrale Organisation für Außenhandel zuständig. Sie bestimmte, welche Ware in welchen Mengen herzustellen sei. Allerdings betrieb sie keinerlei Marktforschung. So produzierte man meist an den Bedürfnissen potenzieller Kunden vorbei.

Desaströs war das System speziell für die Kreativen. Sie mussten die einmal vorgegebenen Standards endlos repetieren. Webten sie parallel zum mies bezahlten Fabriksjob nächtens daheim oder wurden gar dabei erwischt, Wissen und Können ihren Kindern zu vermitteln, landeten sie häufig hinter Gittern. Privates Unternehmertum war selbstverständlich strikt verboten und Handwerk als Ausdruck kleinbürgerlichen Geistes verpönt. Trotzdem entwarfen nicht wenige insgeheim, aus Freude am individuellen Gestalten und auch, um sich auf lokalen Märkten ein bitter nötiges Zubrot zu verdienen, eigenständig neue Designs. »Einen Moment, bitte!« Der Direktor steht auf, holt aus einem Kasten eine Schachtel und reicht uns zur Ansicht, sichtlich gerührt und stolz zugleich, eine Mustermappe voller damals still und heimlich erschaffener Stoffentwürfe.

Dass Margilans Seidenindustrie unter solchen Umständen in den neunziger Jahren jäh kollabierte, verwundert nicht. Die Branchenriesen gingen pleite. Mehrere Mittelgroße schafften den Umstieg in die Marktwirtschaft und führen heute maschinell produzierte Stoffe in die GUS-Staaten und nach China aus. Aktiv sind außerdem um die tausend private Kleinwebereien, Ein-Mann-Betriebe die meisten, von denen geschätzt ein Viertel in Manier der alten Meister die Kunst der manuellen Seidenherstellung hochhält. In Summe belegt Usbekistan – nach China,

Indien, Brasilien, und vor Thailand, Argentinien und Iran – Rang vier unter den großen Seidenproduzenten der Welt.

Und Yodgorlik? Hielt sich wacker und kratzte die Kurve auf gegenteiligem Weg: Anstatt auf moderne Technologie umzurüsten, blieb man hier den manuellen Methoden und dem hohen Qualitätsanspruch treu. Plusminus siebzigtausend Stoffmeter beträgt aktuell der jährliche Output. Davon verkauft sich rund die Hälfte direkt an Touristen, der Rest je zur Hälfte auf inländischen Märkten und über Export. Bis zum Ausbruch der Corona-Pandemie hielt die Firma mehr als zweihundert Beschäftigte, zwei Drittel davon Frauen, in Lohn und Brot. Danach standen die meisten Maschinen lange still. »Die nächsten Jahre werden schwierig«, sagt Abdullayev, und in seiner Diagnose schwingt, auch altersbedingt, merklich Müdigkeit mit. Zum Glück hat er neuerdings Shukhrat Ergashev zur Seite. Der Manager gründete jüngst eine Tochtergesellschaft, die Yodgorlik beim Andocken in der Gegenwart helfen soll. Er strotzt von Energie und Zukunftsplänen, forciert zeitgemäßes Marketing mit E-Commerce im Internet, organisiert Vorträge und Symposien, lobbyiert für Förderungen bei Regierungsstellen, ja träumt sogar von Festivals und einem Museum zu Ehren der Seide. Und knüpft Kontakte rund um den Globus zu Textilherstellern, Interior Designern, Modeschöpfern. Schließlich hätten, frohlockt er, Branchenstars wie John Galliano, Óscar de la Renta oder das Haus Gucci auf ihren Laufstegen der Welt bereits in Khan-Atlas aus Usbekistan gewandete Models präsentiert.

Inzwischen, sprudelt Ergashev in fließendem Englisch, habe man in Paris, Zürich, Madrid, den

USA ausgewiesene Textilfachleute als Handelsvertreter unter Vertrag. Außerdem forscht er zur Geschichte von *Abrmatolar* auch eifrig selbst. Sechstausend traditionelle, längst vergessene Muster hat er mittlerweile aus dem ganzen Land zusammengetragen. Dreihundert davon webt Yodgorlik schon kommerziell nach. Skorpion, Schildkröte, Schlange, Fisch, Ameise, Mandel, Widderhorn: Er kennt sie alle, die uralten Symbole und ihre Amulettfunktion zum Bannen des Bösen Blickes. Und natürlich weiß mein Gegenüber auch profundest die unterschiedlichen Stoffsorten zu erläutern, vom satinhaft glänzenden Atlas (dessen Namen man in Margilan auch ganz allgemein als Synonym für alle flammrig-bunten Seiden verwendet), über *Adras* und *Bekasam*, beides Baumwoll-Seiden-Gemische, bis zu *Bakhmal*, einer Art flauschigem Samt, und *Sho*y, der edelsten, weil zu hundert Prozent puren Seide. Zwecks Popularisierung dieser einzigartigen Färbe- und Webtradition ließ der Umtriebige zudem Dutzende Videos drehen, die jeden Arbeitsschritt im Detail zeigen und kundig kommentieren. Sie sollen demnächst auf Russisch, Englisch, Deutsch, Italienisch im Netz – auf Youtube, Telegram, TikTok, Instagram, you name it – abrufbar sein.

Um mir das Raffinement der *Abrband*-Methode vor Augen zu führen, lädt man im Anschluss zur Betriebsführung: An Station Nummer eins begrüßen mich mehrere Damen, die, im Schneidersitz über große Kessel gebeugt, zur Demonstration für Besucher in brennheißem Wasser Kokons verrühren. Mit tausendfach geübtem Griff fischen sie sich einen aus den Gespinsthüllen herauslugenden Faden, haspeln diesen ab und verspinnen hernach etwa zehn solche

Fäden, von denen jeder einzelne mehrere Hundert Meter misst, auf Spulen zu Garn. Diese cremefarbene Rohseide waschen sie in einer Seifenlösung, wodurch sie reinweiß wird und ihre geschmeidige Textur sowie den spezifischen Glanz erhält.

Faszinierender noch ist für mich als Laie der nächste Schritt: Bei der Herstellung von *Abrmatolar* werden die Muster bereits vor dem Weben in die Kettfäden eingefärbt. Damit man weiß, welches Segment sich im fertigen Gewebe an welcher Stelle findet, müssen jene schon beim Färben exakt die gleiche Länge aufweisen. Weshalb man das Garn auf große Holzgestelle spult und hernach, zu dickeren Strängen gebündelt, in einen Metallrahmen spannt. Als handelte es sich bereits um den fertigen Webstoff, wird nun mit Asche und Tonerde das gewünschte Design aufgetragen. Im Anschluss folgt der für Außenstehende magischste Vorgang: Die Stränge werden, der Vorlage gemäß, segmentweise mit Tesaband abgeklebt und in mehreren Durchgängen in heiße Farbbäder getaucht. Punktgenaues Abbinden ist Voraussetzung für die unverzerrte Wiedergabe des Musters. Knalliges Gelb, Grün, auch Pechschwarz sind Indizien für synthetische Farben, gedecktere Töne für die in Yodgorlik bevorzugt verwendeten Pigmente aus der Natur. Deren Ausgangsprodukte wie Granatäpfel, Walnüsse, Zwiebelschalen, Indigopulver, diverse Blüten, Rinden und Minerale liegen zum besseren Verständnis und Anfassen auf einem Schaubrett aus.

Die Infrastruktur in den durchwegs mit nackten Glühbirnen illuminierten Arbeitsräumen ist von, gelinde gesagt, pittoresker Archaik: Das Wasser für die Farbbäder wird in Kesseln über offenen, mit Holzscheiten befeuerten Öfen erhitzt. Das Kaltwasser, in das man die bunten Garnbündel zwecks Fixierung der Farben taucht, in ausrangierten Emailbadewannen gesammelt. Und die Zentrifugen, in denen sie anschließend zum Trocknen landen, ehe man sie draußen im Hof auf Schnüren in die Sonne hängt, passen in ihrer augenscheinlich stromfresserischen Klobigkeit auch besser in die Breschnew-Ära denn ins 21. Jahrhundert. Von den automatischen Maschinen aus Gusseisen, mit denen man in Yodgorlik Baumwollgarne verwebt, hat mir schon Herr Abdullayev in seinem Büro vorgeschwärmt, sie seien deutscher Provenienz, aus den dreißiger Jahren »und funktionieren immer noch!«. Vollends in die Pionierzeiten der Herren Cartwright und Jacquard versetzt, fühle ich mich schließlich im Saal der Seidenweberinnen: ein Wald aus hölzernen Handwebstühlen, gezimmert aus rohen, mit Blumenornamenten bemalten Stützen und Balken; der Raum des zentralen Spaliers – zerschnitten von viele Meter langen, kreuz und quer gespannten Strängen bunten Garns. Ein einziger Spezialist, erfahre ich, unersetzlich der Mann!, verstehe sich auf das Einrichten der kompliziertest verkreuzten Fadensysteme. Hinter jedem Webrahmen ein goldzahnblitzendes Lächeln: Die Frauen sitzen auf notdürftig gepolsterten Brettern, vor sich waagrecht die Kettfäden wie Saiten einer Harfe, in der Senkrechten den Schaft mit den Litzen. Auf und nieder gehen klappernd die Läden. Hin und her sausen die Schiffchen mit dem Schussfaden, über eine Zugschnur per Hand angetrieben, durch das Fach. Indem sie mit ihren Füßen, virtuos wie Meisterorganisten, in diffizilen Abfolgen die bis zu acht Pedale treten, sorgen die Weberinnen dafür, dass sich die Seide Zentimeter um Zentimeter endgültig zu einem wunderbaren Textil fügt. Wie meinte der Herr Direktor? Seine Fabrik sei »das Museum einer Fabrik«? Wohl ja. Aber zum Glück ein belebtes. Das dem schnöden Zug der Zeit hoffentlich noch lange so charmant zu trotzen versteht.

Zottelfell und Doppelhöcker

Ein Salut an die Helden der Seidenstraße

Silk road, Route de la soie, Sichou zhi lu, die Seidenstraße: Unterwegs in Usbekistan stößt man auf den Begriff allenthalben. Hotels, Restaurants, Reiseagenturen sind nach ihr benannt, um romantische Assoziationen aus »Tausendundeiner Nacht« zu wecken. Raststationen an Überlandstraßen tragen den Namen, der eine Wesensverwandtschaft mit ihren für Reisende überlebensnotwendigen Vorgängern, den Karawansereien, beschwören soll. Und die meisten Europäer verknüpfen mit dem bis heute so werbewirksamen Wort die – durchaus berechtige – Vorfreude auf exotische Eindrücke und haben es beim Beschluss, Buchara und Samarkand zu besuchen, im Kopf. Doch ob Einheimischer oder Gast: Kaum jemand ahnt, dass die rund um den Erdball berühmte Bezeichnung »Seidenstraße« deutschen Ursprungs und im historischen Maßstab recht jung ist – geprägt von dem Geografen und Forschungsreisenden Ferdinand von Richthofen, der sich in den Jahren um 1870 ausführlich in China umgetan und wegweisende Studien über das Kaiserreich verfasst hat. Und nur wenig bekannt ist auch, dass sich die Entstehung dieser einzigartigen Route vor mehr als zweitausend Jahren keineswegs kommerziellem, vielmehr militärischem Kalkül verdankt. Nicht der Austausch begehrter Güter, und schon gar nicht der Export von Seide, sondern der Wunsch, Verbündete zu finden im Kampf gegen ein Nomadenvolk namens Xiongnu, in Europa später als Hunnen bekannt, bewog Kaiser Wudi im späten 2. Jahrhundert vor Christus zur Erschließung eines dauerhaften Weges Richtung Westen. Außerdem gierte das chinesische Militär nach den für ihre Ausdauer und Furchtlosigkeit legendären »blutschwitzenden Himmelspferden«, die man in den dortigen Steppen, an den Ufern von Amudarya und Syrdarya, und vor allem in der Festung Ershi alias Mingtepa, unweit der heutigen Stadt Andijan im Fergana-Tal züchtete. Aus diesen Gründen drangen Han-Soldaten damals durch den Gansu-Korridor und das Tarim-Becken bis in die Gebiete jenseits des Pamir-Gebirges vor. Deshalb gründeten sie dort Garnisonen und bauten Grenzfestungen. Und deshalb trachteten Chinas Herrscher auch, die bedrohlichen »Barbaren« im Westen mit Geschenken bei Laune zu halten. Diese Gaben bestanden größtenteils aus Seidenballen. Und weil die solcherart reich Bedachten für die offenbar großen Mengen keine Verwendung wussten, dürften sie den begehrten Stoff weiterverkauft haben – nach Indien, Persien und über Syrien bis ins Römische Reich.

Zweifellos hatten Kaufleute bereits zur Zeit Alexanders des Großen und davor zwischen den Oasen, an den Rändern der großen Gebirge und Wüsten etappenweise Handel getrieben. Doch erst infolge des chinesischen Vordringens etablierte sich nach und nach jenes weiträumige Geflecht aus Karawanenwegen, dessen Hauptstrang von den Kaiserstädten Luoyang und Changan, dem heutigen Xian, in zwei Bögen beiderseits der Taklamakan-Wüste nach Kashgar und weiter über Samarkand, Buchara, Merw, das persische Hochland, Bagdad und Palmyra in die Hafenstädte der Levante beziehungsweise an den Bosporus führte. Mehr als vierzehntausend Kilometer maß diese Transkontinentale, die auch als Kulturbrücke zwischen Morgen- und Abendland fungierte, über die neue Gedanken, Glaubensvorstellungen und Erfindungen ausgetauscht wurden. Sie bildete während vieler Jahrhunderte – mit langen Aufs (speziell unter der Tang-Dynastie und den Mongolen) und langen Abs (etwa während der römisch-persischen Kriege und aufgrund der von den Arabern verhängten hohen Zölle) – das Rückgrat der Weltwirtschaft. Ihr Niedergang geschah schrittweise: durch die Konkurrenz des immer intensiveren Seeverkehrs entlang Asiens Küsten, durch die Entdeckung Amerikas und, endgültig, durch den Siegeszug von Eisenbahn und Automobil. Erst in jüngsten Jahren haben Beijings starker Mann, Xi Jinping, und seine Wirtschaftsstrategen, wie Kritiker meinen, in neokolonialer Manier, die historische Marke »Seidenstraße« wiederbelebt. Mit dem Attribut »neu« versehen und mit Hunderten Milliarden von Yuan unterfüttert, steht sie nunmehr für eine umfassende Modernisierung der Verkehrsinfrastruktur, die den Anrainernationen von Ostasien bis Zentraleuropa, und auf maritimem Weg sogar weiter nach Afrika, eine ökonomisch rosarote Zukunft bescheren soll.

Kein Fernfahrer in der klimatisierten Kabine seines servogelenkten Trucks und schon gar kein Tourist, unterwegs im Komfortbus oder Miet-SUV, macht sich heute eine Vorstellung von den unendlichen Strapazen des Unterwegssein in vormotorisierter Zeit – durch staubige oder schneeverwehte Wüsten, Steppen und Gebirgsschluchten, bei Sandstürmen, in flirrender Hitze oder klirrender Kälte und der fortwährenden Gefahr, von Wegelagern ausgeraubt zu werden. Im Extremfall mehrere Jahre konnte ein Transportzug »on the road« sein, auf einem Roundtrip von China zum Mittelmeer und retour.

Solch ungeheure physische und aufgrund der komplexen Logistik auch kulturelle Leistung wäre undenkbar gewesen ohne ein Geschöpf, das dem Homo sapiens seit alters gerade auch in Zentralasien als unverzichtbarer Weggefährte diente und zur Entwicklung diverser Zivilisationen entscheidend beitrug. Ein Geschöpf, das gegenwärtig dafür sträflich wenig bedankt scheint und allein deshalb in einem Buch über die Kernregion der Seidenstraße einmal gebührlich vor den Vorhang und ins Scheinwerferlicht geholt gehört. Zumal allein schon die technischen Daten dieses so liebenswerten lebenden Lastwagens auf vier Beinen überaus faszinieren und beweisen, wie ökonomisch und zugleich umweltgerecht die Evolution in seinem Fall vorzugehen verstand.

Das Kamel, jawohl, von ihm soll hier die Rede sein, erreicht auf längeren Strecken eine Spitzengeschwindigkeit von zwanzig, auf Dauer von rund fünf Kilometern in der Stunde. Reichweite: bis zu vierzig Kilometer pro Tag. Die maximale Nutzlast beträgt zweihundert Kilogramm. Verschleiß: minimal. Tankinhalt: bis zu zweihundert Liter Wasser. Zugleich herrscht größte Sparsamkeit im Verbrauch: Selbst im Sommer ist nur alle vierzehn Tage, notfalls sogar erst nach mehr als drei Wochen ein Stopp an einer Tränke wirklich nötig. Zwischendurch reichen zum reibungslosen Betrieb notfalls auch ein paar Ästchen von holzigen Sträuchern, einige Büschel Gras oder, in der Vollwüste, sogar trockenes Stroh. Die

Umwandlung von Zellulose in Energie erfolgt extrem effizient. Die Haltbarkeit liegt bei dreißig bis vierzig Jahren. Ein wesentliches Handicap ist die niedrige Reproduktionsrate. Die Stuten gebären in ihrem Leben höchstens zehnmal. Ihr Nachwuchs ist erst nach drei bis vier Jahren geschlechtsreif.

In Gebrauch sind zwei Standardtypen: das zweihöckrige Trampeltier, auch baktrisches Kamel genannt. Es hat einen plumpen, aber stämmigen Körper, zotteliges Wollhaar und ist in den gebirgigen Gegenden Westchinas und Zentralasiens zu Hause. Und das schlankere und schnellere einhöckrige Dromedar, das vornehmlich in Nordafrika und Arabien heimisch ist, allerdings in Form kälteresistenter Hybride gleichfalls entlang der Seidenstraße zum Einsatz kam. Gemeinsam sind beiden Modellen etliche faszinierende Konstruktionsdetails. Bei Wassermangel können sie etwa, um in der Hitze des Tages den Flüssigkeitsverlust zu reduzieren und bei Nacht Energie zu sparen, die Körpertemperatur, je nachdem, auf bis zu dreiundvierzig Grad ansteigen beziehungsweise auf vierunddreißig Grad absinken lassen. Zugleich vermögen sie ihrem Harn einen Großteil des Wassers zu entziehen, ihn notfalls tropfenweise, ja beinahe kristallisiert abzugeben. Die Nieren vertragen den Genuss von Salzpflanzen und Meerwasser. Auch der Kot ist, im krassen Kontrast etwa zu Kuhfladen, sehr trocken. Die harten Ballen geben ein ideales Brennmaterial ab. Eine im Kopf installierte Kühlanlage entzieht der Atemluft mittels einer hygroskopischen Zellschicht in der Nase ihre Feuchtigkeit, kühlt damit über ein spezielles Gefäßnetz das arterielle Blut und schützt so Gehirn und Augen vor Überhitzung.

Gegen Sandstürme und die Grelle der Sonne sind Kamelen zwei Reihen extrem langer Wimpern gewachsen, und gegen die Hitze des Sandes oder Kälte des Schnees an Knien, Ellbogen und Brustbein dicke Hornschwielen. Die ebenfalls verhornten Füße (nein, nicht Hufe!) lassen sich tellerförmig spreizen, was tiefes Einsinken verhindert und den Tieren zusätzliche Geländegängigkeit verleiht. Als einzigartigen Energiespeicher hat ihnen die Natur einen höckrigen Kraftriegel auf den Rücken geschnallt, aus dem sie in mageren Zeiten Fett zehren können.

Ein Detail an ihrem Design lässt sich allerdings schwerlich begründen: die vergleichsweise Winzigkeit des männlichen Fortpflanzungsorgans. Hirten erklären das Kuriosum schmunzelnd mit einer Schnurre aus dem Alltag an Bord der Arche Noah. So soll der Kapitän, nachdem sämtliche Passagiere Quartier bezogen hatten, die Männchen für die Dauer der Reise um Abgabe ihres besten Stücks gebeten haben. Wohin auch hätte man bei dem akuten Platzmangel mit allfälligem Nachwuchs sollen? Als dann die Sintflut abebbte, die lebende Ladung an Land ging und wieder mit allem Nötigen ausgerüstet wurde, habe im Gedränge der kleine Esel irrtümlich erhalten, was zuvor des Kamels gewesen war.

Möglicherweise ist es dieses Manko (dessentwegen jede Paarung in der Tat zu einem ungewöhnlich mühseligen Unterfangen wird), das Kamelhengste zur Brunftzeit überaus eifersüchtig werden lässt. Und so aggressiv, dass man die meisten vorsorglich schon früh kastriert. Möglicherweise liegt aber in der verhängnisvollen Verwechslung auch der tiefere Grund für ihr generell unberechenbares Temperament: Kamele erkennen ihren Besitzer nur ungern und nie auf Dauer als ihren Herrn an. Sie laufen ihm häufig davon, lassen sich widerwillig einfangen und sind extrem nachtragend und rachsüchtig – weshalb noch heute der Glaube weitverbreitet ist, dass die dämonischen und geisterhaften Dschinnen ihre Ahnen sind und gelegentlich in ihre Körper schlüpfen.

Überhaupt sind die »Schiffe der Wüste« psychisch, aber auch körperlich labiler, als ihr Ruf vermuten ließe. So reagieren sie empfindlich auf schmutziges Wasser oder unbekömmliche Pflanzen und fallen häufig rätselhaften Krankheiten zum Opfer. Nach kräfteraubenden Touren brauchen sie enorm viel Zeit zur Erholung. Wenn sie über die Maßen geschunden werden, verweigern sie nicht etwa rechtzeitig die Leistung. Vielmehr geben sie bis zum letzten Moment ihr Bestes, um dann unvermutet einfach stehen zu bleiben – und zu sterben. Der Zeugungsakt läuft wegen des linkischen Verhaltens beider Beteiligten und der erwähnten organischen Unzulänglichkeit selten ohne Komplikationen ab. Auch der Geburtsvorgang birgt ungewöhnlich viele Risken, denn die Jungen werden oft durch ihren Fall aus relativ großer Höhe oder versehentliche Tritte ihrer Mütter verletzt. Und selbst das Melken gestaltet sich als heikler Balanceakt – nicht nur, weil der Hirte auf einem Bein stehend und den Kopf in der Tierflanke abstützend den Melkkübel auf seinem angewinkelten Oberschenkel im Gleichgewicht halten muss, sondern auch, weil das Kamel den »Störenfried« immer wieder zu beißen versucht.

Im Allgemeinen freilich sind Kamele freundliche und friedsame Wesen. Sie entwickeln weder innerartliche Aggressionen noch innerhalb der Herden eine ausgeprägte Hierarchie. In ihrem riesigen Lebensraum wären, sagt ihnen die biologische Programmierung, angesichts des geringen Nahrungsangebots Energieverlust durch Streitsucht, eine strenge Rangordnung oder gar Territorialkonflikte, ein Wetteifern um die knappen Ressourcen von Nachteil. Weil sie in dem extrem unwirtlichen Ambiente keine natürlichen Feinde wie Raubkatzen oder Wölfe haben, schrieben ihre Gene ihnen große Gemütsruhe und Ausgeglichenheit ein. Ohne echte Gefahren braucht es keine permanente Wachsamkeit und keinen Fluchtreflex, darf man getrost stoisch sein. In ihrer sozialen Gemeinschaft leben diese Höckertiere in gewisser Weise eine Menschheitsutopie: Alle Individuen sind ebenbürtig. Keiner wird ausgegrenzt, gedemütigt oder – von rivalisierenden Hengsten in der Brunft einmal abgesehen – bekämpft. Die Erfahrenen leiten die Unerfahrenen. Auf den Mangel an Wasser und Futter wird nicht mit Kämpfen und Kriegen, sondern mit bestmöglicher Energieeffizienz reagiert.

In Usbekistan begegnet man Kamelen, im Unterschied etwa zum nördlichen Nachbarland Kasachstan, nur mehr sporadisch. Da und dort, an Touristenhotspots, fristen einzelne Exemplare, angepflockt und mit bunten Troddeln behangen, als exotische »Attraktion« ihr trauriges Dasein. Im Nordwesten, in Karakalpakstan vor allem, sieht man gelegentlich noch welche durchs Gelände streifen. Sie werden von ihren Besitzern, Hirtenfamilien, ganzjährig weitgehend unkontrolliert zum Weiden im Freien belassen und nur zum Melken sowie im Frühjahr zum Scheren zusammengetrieben. Dort, in den öden, nur sehr spärlich bewachsenen Weiten lässt sich ahnen, wovon Ökologen und Kamelkenner seit Jahren schwärmen. Nämlich dass diese so herrlich exzentrischen und sympathisch genügsamen Kreaturen sich in Zeiten der wachsenden Klimakrise mit ihrem extrem energie- und wassersparenden Lebenswandel als echte Vorbilder eignen. Und dank ihrer vielfältigen Nutzungsarten im Zusammenhang mit Erderwärmung, zunehmender Verwüstung und daraus resultierenden Ernährungskrisen das Potenzial zu künftigen Wohltätern der Menschheit hätten. Ihr Blut etwa mit seinen beispiellos kleinen Antikörpern werde in Zukunft, weil diese viel tiefer in Gewebe eindringen können, vermehrt beim Diagnostizieren und Kurieren von Krankheiten Einsatz finden. Ihr außerordentlich reißfestes Leder und das Flaumhaar, das sich durch besondere Fein- und Weichheit auszeichne, werde man verstärkt industriell zu hochwertigen Produkten verarbeiten. Ungleich wichtiger jedoch ist ihre mögliche Rolle als Nahrungslieferanten im globalen Maßstab. Kamele stellen, sagt die UN-Welternährungsorganisation FAO, bisher nur null Komma vier Prozent aller weltweit als Nutztiere gehaltenen Pflanzenfresser. Dabei enthält ihr Fleisch ungleich weniger Fett und Cholesterin als das vom Rind und könnte den rapide wachsenden Bevölkerungen in Steppen und Wüsten Versorgungssicherheit gewährleisten. Noch vehementer propagiert die Fachwelt ob deren hohen Nährwerts und gesundheitlichen Nutzens die Milch der Kamele. Sie enthält nur halb so viel Fett wie Kuhmilch und, wichtig für Milcheiweißallergiker, kein Beta-Lactoglobulin. Dafür vier- bis sechsmal so viel Vitamin C, dazu mehr Minerale und, ein Atout im Kampf gegen Diabetes, einen hohen Anteil von Insulin. Nicht ohne Grund hat man jüngst in Dubai der Welt erste vollautomatische Kamelmilchfarm geschaffen und finden deren Molkereiprodukte reißenden Absatz. Das Kamel also, ein zwar zum Schmunzeln zwingendes, aber letztlich anachronistisches Vieh, das vornehmlich brüllt, beißt und stinkt? Das Vorurteil wird sich, wenn nicht bald revidiert, noch als fatal erweisen!

Ein märchenhaftes Räubernest

Freilichtmuseum islamischer Architektur: Chiwas Altstadt Itschan Kala

Man mag es zunächst kaum glauben. Da ist man Stunden um Stunden, mehr als fünf, von Buchara durch eine gemüttrübende Öde Richtung Nordwesten gerollt. Sandiges Braungrau, bis zum Horizont bügelbrettflach, menschenleer, mondhaft tot bis auf ein paar struppige Saxaul-Sträucher. Dann, mit einem Mal: Grün, fruchtbare Fülle, ein Felderteppich, der Amudarya, die Flussoase Choresmien. Und jetzt, keine halbe Fahrstunde hinter der Provinzhauptstadt Urgench, hart an der Grenze zu Turkmenistan, das! Ich stehe auf der Aussichtsplattform einer Zitadelle und blicke hinab auf eine Stadtlandschaft, deren Existenz man zu Beginn des 21. Jahrhunderts kaum noch zu erträumen wagte. Ein Meer von Kuppeln und Flachdächern, durchsetzt mit mächtigen Minaretten, Türmen, Iwanportalen: Wie aus dem Musterkasten für Bauformen traditioneller persisch-zentralasiatischer Architektur scheint dieses Raumgefüge zusammengesetzt. Kein modernes Gebäude hat man ihm eingepflanzt, keine Bresche in seine Wehrmauer geschlagen. Bis zu zehn Meter hoch und sechs Meter stark, teilweise begehbar und durchgehend mit Schießscharten bekrönt, umschließt der Kranz bauchig auskragender Basteien das gesamte dreißig Hektar große Stadtareal. Einzig vier Tore, aus exakt jeder Himmelsrichtung eines, gewähren Zutritt in das Fußgängern vorbehaltene Labyrinth aus Mauern, Gassen, Plätzen, Höfen. Beton oder ähnlich neumodisches Material sucht man vergebens. Monumentales wurde hier mit Backstein, manches auch mit Stein gebaut, und für die schlichten Wohnhäuser *Pachsa*, mit Stroh vermengter Lehm, verwendet. Mit Blick auf dieses urbanistische Wunder wirkt das Klischee von der orientalischen Märchenkulisse für einmal gar nicht abgewetzt.

Was Itschan Kala, die historische Altstadt von Chiwa, über ihren ästhetischen Reiz, die verblüffende Homogenität hinaus zu einem Kuriosum und in der ganzen islamischen Welt einzigartig macht, ist der Zeitpunkt ihres Entstehens. Denn nicht, wie zu vermuten wäre, irgendwann im Mittelalter, sondern erst ab dem späten 18. Jahrhundert wurde sie buchstäblich aus dem Boden gestampft. Und zwar in einem Wurf binnen nur zweier Generationen – der Potenzbeweis später Feudalherren, der Khans der Regionaldynastie der Kungraten. Dass die Wurzeln des Ortes freilich weit tiefer reichen, versteht sich in einer zivilisationsgeschichtlich so fruchtbaren Gegend wie Choresmien von selbst. 1997 feierte man zu PR-Zwecken sein zweitausendfünfhundertjähriges Bestandsjubiläum. Konkrete Belege für das Datum? Geschenkt. Auch die Gründungslegende um den noch heute in der nordwestlichen Ecke der Stadt erhaltenen Cheivak-Brunnen scheint mehr als zweifelhaft. Ob wirklich Sem, Noahs ältester Sohn, ihn anlegte? Stimmen könnte, dass sein ungewöhnlich kühles und klares Wasser den Anlass zur ersten Ansiedlung gab. Und auch dass sein Name, ein Ausruf im Sinne von »oh, wie wohltuend!«, später zu »Chiwa« verschliffen wurde. Jedenfalls fristete der Oasenort die längste

Zeit ein Dasein als nur mäßig bedeutende Station an einem Nebenast der Seidenstraße, von der die Händler südwärts nach Merw und nordwärts zum Aralsee und nach Russland weiterzogen. Erst im Jahr 1592 trat er aus dem Schatten der stets übermächtigen Rivalin, der hundertfünfzig Kilometer nordwestlich, im heutigen Turkmenistan gelegenen, vor ihrer Zerstörung durch Dschingis und Timur lange Zeit glanzvollen Metropole Kunja-Urgentsch. Ab da residierten die choresmischen Khane hier.

Doch seine eigentliche Blüte erlebte Chiwa, nachdem es zwischenzeitlich ebenfalls – in seinem Fall durch den Perser Nadir Schah – nahezu ganz zerstört worden war, erst Mitte des 19. Jahrhunderts. Der späte und relativ kurz währende Reichtum rührte von einem alles andere als edlen Geschäft: dem exzessiven, überwiegend von nomadischen Turkmenen forcierten Handel mit Sklaven. Allein aus Persien wanderten damals in wenigen Jahrzehnten rund eine Million über Chiwa in die Leibeigenschaft. Es waren aus sunnitischer Sicht »fehlgläubige« und daher doppelt rechtlose Zwölfer-Schiiten. Ungefähr sechzigtausend von ihnen zwang der Khan, seine Festungsstadt mit monumentalen Bauwerken zu verschönern.

In diesen Jahren galt Chiwa unter Europäern – feinfühlige Leserinnen und Leser mögen die nächsten Zeilen tunlichst überspringen – als einer der gefährlichsten Orte der Welt. »Wer diese Stadt einmal betreten hat, verliert alle Hoffnung, so wie sie verliert, wer die Hölle betritt. Ihr Kerker ist von pfadlosen Wüsten umgeben, deren einzige Bewohner die Menschenhändler sind.« Der so stöhnte, war der englische Captain James Abbott, der 1839 hierher gesandt worden war, um den bedrohlich nahe rückenden

Russen Paroli zu bieten. Sein harsches Urteil ist kaum verwunderlich: Tausende Ausländer vegetierten damals in den örtlichen Verliesen dahin. Und zahlreiche Reisende hatten ihre arglose Neugier bereits mit dem Tod bezahlt. Noch 1863 musste der ungarische Orientalist und Abenteuerreisende Ármin Vámbéry hier mit ansehen, wie Gefangenen bei lebendigem Leib die Augen herausgeschnitten wurden und »ihr Folterer sein blutiges Messer an ihren Bärten reinigte«. Auch Geiselnahmen, schreibt er, gehörten zum Alltagsgeschäft. Indem man abgetrennte Augenlider, Fingerstummel oder welch sonstigen Körperteilen man optimale Wirkung als Drohbotschaft zuschrieb, fein säuberlich in einem Umschlag verpackte und Karawanen mit auf den Postweg gab, ließ sich die Lösegeldzahlung durch die Familien der Eingekerkerten in deren Heimat erfahrungsgemäß beschleunigen. Sogar noch um 1900, ein Vierteljahrhundert, nachdem General Kaufmann mit seinen Truppen dem Spuk ein Ende bereitet und das Khanat dem Russischen Reich einverleibt hatte, verspürte ein gewisser Robert Jefferson, der die zehntausend Kilometer von London mit eigener Muskelkraft auf dem Fahrrad angereist war, nichts als »das dringende Bedürfnis, diesen Ort so rasch wie möglich wieder zu verlassen«.

Als Chiwa schließlich Anfang der zwanziger Jahre in die UdSSR eingegliedert und zur Sperrzone erklärt wurde, verschwand es hinter einem Vorhang des Vergessens. Das Erstaunen war umso größer, als dieser sich 1968 wieder hob: Die angrenzende Neustadt (Dischan Kala) hatte man zwar, so zeigte sich, in der Zwischenzeit teilweise niedergerissen und im realsozialistischen Betonplattenstil wieder aufgebaut. Der historische Kern aber, der Scharestan, präsentierte sich den ausländischen Gästen des staatlichen Reisebüros Intourist als veritables Freilichtmuseum – das vollständig konservierte Musterbeispiel einer Festungsstadt eines aus der Zeit gefallenen Feudalstaates. Moskau hatte augenscheinlich viel Geld, Know-how und Herzblut in die Restaurierung investiert. Nicht ohne Grund adelte die UNESCO Itschan Kala schon 1990 zur Weltkulturerbestätte.

Mit welcher Sorgsamkeit die Konservatoren vorgingen, zeigt sich beim Gang durch die beiden Residenzen der Khane: Kunja Ark, die »alte Zitadelle« neben dem Westtor, und der Palast Tasch-Hauli, das »steinerne Haus«, an der Ostseite, bergen beide Prunkräume, deren Wände über und über von Majolikafliesen mit den für Choresmien charakteristischen weißen Pflanzen- und Sternenmustern auf blauem Grund bedeckt sind. Die flachen, bunt bemalten Kassettendecken der Iwane werden, besonders sehenswert etwa im weitläufigen Haremshof des Letzteren, von extrem schlanken, kunstvoll beschnitzten Holzsäulen getragen. In den zwei Palästen stößt man auch auf manch skurrile Details: Im Münzhof der Zitadelle finden sich Geldscheine aus Seidenstoff ausgestellt, die man regelmäßig reinigte – eine ausnahmsweise harmlose Form der Geldwäsche, wie der örtliche Guide trocken anmerkt. Auf dem Platz vor dem Haupteingang, ein entschieden unheiterer Hinweis, ist noch jene tiefe Grube zu sehen, in die nach Vollstreckung der nicht eben selten gefällten Todesurteile die Delinquentenköpfe kullerten. Und da wie dort hatte man im zentralen Hof, gleich neben dem Thron- und Audienzsaal, um auch Nomadenfürsten gebührend empfangen zu können, aus Ziegeln kreisrunde Sockel errichtet, wo deren Jurten aufgestellt werden konnten.

Ein Ort, wo jenes Geld verdient wurde, das Bau und Unterhalt solcher Paläste verschlangen, erhebt sich vis-à-vis von Tasch-Hauli: Die Karawanserei Allakuli Khan – ihr Namenspatron war unter allen Khanen der emsigste Bauherr – wurde 1835 errichtet und gilt als letzte ihrer Art in Mittelasien. Heute ist darin ein Kunsthandwerkszentrum samt Schule für angehende Meister untergebracht. Doch kann man unter ihren mächtigen Gewölbebögen auch in einem weitläufigen Basar nach kunstgewerblichen Souvenirs stöbern. Deutlich die Stirne runzeln lässt indes, was sich in den letzten Jahren nebenan draußen, zu Füßen des Prunkportals der Allakuli-Khan-Medrese, etabliert hat und längst auch die gesamte zentrale, vom Westtor bis hierher führende Flaniermeile säumt: ein Spalier aus Verkaufsbuden, mit Pelzmützen und Ikat-Tüchern zugestapelt, überhäuft und behangen mit Kühlschrankmagneten, Kaffeetassen, Keramikschälchen, Figürchen und vergleichbarem Tand. Den Händlern muss man immerhin zugutehalten, dass sie im Umgang mit möglichen Kunden, wie es dem usbekischen Naturell entspricht (und im krassen Gegensatz etwa zu Basaris arabischer Provenienz), Diskretion und Gleichmut walten lassen. Die Budendichte freilich könnte man als Omen deuten. Es braucht nur ein paar Schritte durch die angrenzende *Tim*, die überkuppelte Basargasse, hinaus, vor das Polvon Darvoza, das Ost- oder Ringertor, um in die Zukunft der Altstadt zu blicken. Dort gähnte, wo bis 2018 Chiwas großer Basar wuselte und mit seiner Buntheit die Augen weidete, beim Lokalaugenschein des Autors, zwei Jahre nach Ausbruch der Corona-Epidemie, eine riesige Brache: platter Beton auf einer Fläche von geschätzt fünfzehn Fußballfeldern.

Strategisch darüber verstreut harrten palettenweise in Plastik verpackte Pflastersteine ihrer Verlegung. Den Markt hat man zwei Kilometer weiter, an den Stadtrand verlegt.

2020 erhielt Chiwa erstmals einen eigenen Bahnhof. Er ist über eine Stichschiene mit Urgench und über einen zwölfhundert Meter langen Boulevard mit dem historischen Stadtkern verbunden. Bei seiner Eröffnung war Präsident Mirsijojew zugegen und traf dabei ausländische Investoren. Ein geeigneter Anlass, um zukunftsfroh zu fordern: »Wer Geschäfte macht, tut das, um Gewinn zu machen. Der Fremdenverkehr hat in Usbekistan enormes Potenzial. Es ist also notwendig, mehr Unternehmen anzuziehen und sie machen zu lassen.« Bei seinem Besuch weihte der Präsident nicht nur die lange Doppelreihe von Retortenhäusern entlang der touristischen Einfallschneise ein, die, glaubt man den adretten Bildmontagen, allesamt Hotels, Restaurants, Läden und Künstlerateliers beherbergen werden. Er dekretierte zudem, dass die Bewohner der Altstadt – es leben dort noch etwa zweitausend – schnellstmöglich in eigens errichtete Siedlungen an der Peripherie der Neustadt umzusiedeln sind.

Im krassen Kontrast zum gegenwärtigen und mehr noch künftigen Kommerz steht freilich die Vielzahl von prachtvollen Sakralbauten. Man könnte glauben, Chiwas Sklavenhändler und Generäle hätten seinerzeit, so wie heute Mafiabosse oder Oligarchen im Alter aus Angst um ihr Seelenheil gerne Kapellen, Lehrstühle oder Heime für Witwen und Waisen stiften, die Errichtung religiöser Bauten befohlen. Mehr als fünfzig Moscheen, Medresen und Mausoleen drängen sich innerhalb der Stadt – im Schnitt beinahe zwei auf jedem Hektar. Ein besonderes Schmuckstück ist die Dschuma-, die Freitagsmoschee. Auch sie wurde um 1790 erbaut. Doch eine Vorgängerin an selbiger Stelle hat der arabische Geograf al-Maqdisi schon im 10. Jahrhundert erwähnt. Und auch etliche der zweihundertzwölf Säulen, die im Gebetssaal die Holzbalkendecke stützen, lassen sich auf dahin zurückdatieren. Bei einigen meinen Fachleute, sie könnten aus der Hauptmoschee von Kath stammen – jener nahe der heutigen Stadt Beruniy gelegenen Residenz, von der aus die Choresm-Schahs einst über ihr ausgedehntes Königreich herrschten. Während man durch den auch tagsüber in Dämmerlicht getauchten Säulenwald streift, sollte man das reiche Schnitzwerk studieren. Sockel, Schäfte, Kapitelle sind jeweils ganz individuell dekoriert und mit der Entstehungszeit entsprechenden arabischen Kalligrafien versehen. Auf jenen jüngeren Datums gut erkennbar sind die für Chiwa so typischen *Gerichs*, die sternförmig-knotigen Pflanzenornamente.

Die meiste spirituelle Energie indes scheint das Mausoleum des Pahlavan Mahmud auszustrahlen. Der »starke Mann« lebte im 14. Jahrhundert, war zugleich Ringkämpfer und Gewichtheber, Arzt, Dichter, Sufi und für seine physische Kraft, Courage und Tugendhaftigkeit gleichermaßen berühmt. Heute wird er als Volksheiliger und Beschützer Chiwas verehrt. Sein von einer türkisfarbenen Kuppel bekröntes, innen mit virtuosen Farbkompositionen aus glasierten Kacheln ausgekleidetes Grabmal ist ein von Jung und Alt, Schulklassen, Brautpaaren wie Siechen viel besuchtes Pilgerziel. Von Mahmuds Geist und Witz zeugt einer seiner Merksätze: »Es ist leichter für mich«, steht über der Eingangstür zu lesen, »hundertmal dieselben Worte zu sagen, hundert Jahre im Gefängnis zu sitzen, hundert Berge in Sand zu verwandeln, als auch nur einen einzigen Dummkopf die Weisheit zu lehren.«

Zwei weitere Höhepunkte der örtlichen Sakralarchitektur markieren schließlich zwei Minarette. Das nach Islam Chodscha, einem sozialreformerisch gesinnten Minister, benannte aus dem Jahr 1910 ist mit seinen siebenundfünfzig Metern und fein gemusterten und farblich nuancierten Zierbändern der herausragende Blickfang der Stadtsilhouette. Auf seine Art unübersehbar ist auch das Kalta oder »kurze« Minar. Der wunderhübsch in Grün und Blau glasierte Turm war mit einem Durchmesser von fünfzehn Metern als Gigant geplant, blieb jedoch offensichtlich unvollendet. Ob infolge einer Intrige, die dem Architekten ein verräterisches Bündnis mit dem verfeindeten Emir von Buchara unterstellte? Ob, weil dem Khan womöglich dämmerte, dass der Muezzin vom obersten Ausguck den Damen seines, des Khans, Harem ins Dekolleté würde spähen können? Oder, in Zeiten von Kriegen, doch schlicht aus Mangel an Zeit und Geld? Eine Legende jedenfalls will wissen, dass der Bauherr, wie üblich nicht eben zimperlich, seinen Architekten aus vorbeugender Eifersucht kurzerhand von dem trommelförmigen Rumpf stürzen ließ. Und zwar angeblich mehrmals, weil dieser sich dabei partout zu sterben weigerte. Nur so nämlich habe der Khan wirklich sicherstellen können, dass dieser nicht überläuft und der verhasste bucharische Nebenbuhler im Amt ihn womöglich im Wettbewerb um das längere, pardon: höhere Minarett nicht aussticht.

Weißes Gold, weißer Fluch

Ein Schadensbericht von den Ufern des Aralsees

Nilufar erinnert sich noch ganz genau, wie während ihres Studiums die Herbstsemester abliefen. Ihr Abschluss in Umweltwissenschaften liegt ja erst wenige Jahre zurück. Anfang September pflegte die Universität nach den Sommerferien die Pforten zu öffnen. Doch schon nach wenigen Tagen stoppten die Behörden den Unterricht wieder. Die Studenten wurden, wie auch alle Schüler von Berufsschulen und Lyzeen, viele Ärzte, Lehrer und andere Staatsangestellte, zum Baumwollpflücken abkommandiert. Zwei Monate lang blieben die meisten höheren Lehranstalten geschlossen. Die versäumten Stunden hatte man im folgenden Hochsommer nachzuholen. Als junge Mutter, seufzt Nilufar, sei ihr diese Zwangsarbeit stets ein besonderer Graus gewesen. Ohne helfende Verwandte hätte sie nicht gewusst, wohin mit ihrem kleinen Buben. Dazu die lange Anfahrt im Marschrutka-Sammeltaxi! Frühmorgens um sechs aus den Federn. Zurück war man kaum vor acht am Abend. Viele Kollegen mussten, weit von zu Hause, am Rand der Felder in Zelten übernachten. Nach der Kampagne hatte man, da half die beste Heilsalbe nichts, von den Dornen der Sträucher rissige Finger. Hinzu kam, dass die Regierung die Maloche unter oft sengender Sonne nicht nur erbärmlich entlohnte – mit zweihundert bis achthundert Som, zwei bis sieben Cent, für das Kilogramm. Sie legte auch ein tägliches Plansoll, fünfzig, mancherorts achtzig Kilogramm, pro Person fest. »Faulenzer« wurden vor versammelten Kommilitonen bloßgestellt und mussten zur Strafe Extrastunden zupfen. Natürlich gab es Wege der Vermeidung: Wer sich weigerte, ein »würdiger Bürger« zu sein, und sich dies leisten konnte, heuerte auf eigene Kosten Ersatz, für gewöhnlich einen billigen Arbeitslosen, an. Privaten Bauern, die, aus welchen Gründen immer, die staatlicherseits verfügte Erntequote nicht zu liefern vermochten, wurde kurzerhand ein Teil ihres Landes konfisziert.

Der Ort, an dem Nilufar für mich diese unliebsamen Geschichten aus ihrem Gedächtnis kramt, scheint auf den ersten Blick mit Baumwolle und deren Anbau nichts zu tun zu haben. Der Hafen Moynaq war seit alters bekannt als Zentrum der Fischerei. Auch als Urlaubsziel stand es in hohem Ansehen, eine Art zentralasiatisches Sotschi mit Hotels, Sanatorien, Ferienlagern, in das die Werktätigen gerne von weither zum Baden kamen. Und doch sähe dieses Städtchen im fernen Nordwesten des Landes heute völlig anders aus, ja befände sich in einer buchstäblich anderen Lage, hätte sich Usbekistan nicht vor langer Zeit schon in die so verhängnisvolle Abhängigkeit von dieser Nutzpflanze gestürzt. Oder korrekter: Hätte man das Land nicht dazu gezwungen. Und wir wären wohl nicht die drei Stunden von Nukus im Mietwagen eigens auf rumpeliger Straße bis hier herauf, an den äußersten Rand des bewohnten Teiles der autonomen Republik Karakalpakstan, gefahren.

Der Blick von Moynaqs Aussichtsterrasse offenbart eine Landschaft von unüberbietbarer Öde. Als wären der Evolution jegliche Optionen zur Gestaltung der Erdoberfläche ausgegangen. Wo sich einst der Amudarya in sein Delta auffächerte, erstreckt sich, so weit das Auge reicht, eine Wüstenei, bügelbrettflach, grausandig, tot bis auf das schüttere Buschwerk, das wirkt wie eigens zum Überleben in einer post-nuklearen Welt entwickelt. Am Fuß der zwanzig Meter hohen Uferklippe, auf der wir stehen und an die vor zwei Generationen noch Wellen schlugen, liegt, nutzlosem Spielzeug gleich wie von Riesenhand über die Sanddünen verstreut, eine kleine Flotte heillos verrosteter Fischkutter: eine surreale Ikone, das klassische Fotomotiv des globalen Öko-Katastrophentourismus – der berühmte Schiffsfriedhof.

Den Dreizack aus Beton, der auf der Anhöhe wie ein stilisiertes Segel in den fast immer wolkenlosen Himmel ragt, hatte man, erzählt Nilufar, als hier noch eine Uferpromenade zum Flanieren lud, zu Ehren der gerade auch unter Usbekistans Männern monströs zahlreichen Opfer des Großen Vaterländischen Krieges gegen Hitler-Deutschland errichtet. Als 2010 UN-Generalsekretär Ban Ki-moon seinen Besuch ankündigte, funktionierte man das Denkmal eilig um. Der Marmor und die Liste der gefallenen Helden wurden entfernt, stattdessen drei Reliefs mit den Umrissen des Aralsees angebracht und darauf drei sehr verschieden große Flächen aquamarinblau eingefärbt. Die drei Karten tragen die Vermerke »1960« – »1980« – »Present Days«. Einige Schautafeln liefern ergänzende Hintergrundfakten. Der Aralsee, lese ich, war nach dem Kaspischen Meer, Lake Superior und Lake Victoria der viertgrößte Binnensee der Erde. 1961 maß er sechsundsechzigtausend Quadratkilometer, fast so viel wie der Freistaat Bayern, und war im Durchschnitt neunundsechzig Meter tief. Heute sind Fläche und Wasservolumen auf ein Zehntel geschrumpft. Sein Hauptbecken ist komplett verdunstet. Die Uferlinie des zur leblosen Salzbrühe verkommenen Überbleibsels verläuft aktuell gut achtzig Kilometer nördlich von Moynaq.

Der Anfang vom Ende des Aralsees lässt sich, denkt man in längerfristigen Kausalitäten, auf das Jahr 1861 datieren. Denn mit dem Ausbruch des Amerikanischen Bürgerkriegs kam der Baumwollexport der USA nach Großbritannien zum Erliegen. Die weltweiten Preise schossen in die Höhe und rund um den Globus, von Australien bis nach Ägypten, suchten Farmer mit dem profitträchtigen Strauch und dessen flauschig-weißen Samenhaaren ihr Glück. Das Unheil für das zentralasiatische Zweistromland nahm seinen Lauf, als Russland gegen Ende des 19. Jahrhunderts beschloss, in seinem jüngst erst errichteten Generalgouvernement Turkestan ebenfalls im großen Stil ins Geschäft einzusteigen. *Khlopok* (russisch für Baumwolle) wird in Zentralasien seit der Antike angepflanzt und war, etwa zwischen Städtern und Nomaden, stets ein wichtiges Handelsgut. Doch weil die Pflanze aus der Familie der Malvengewächse den Boden stark auslaugt und extrem viel Wasser braucht, kultivierte man sie traditionell nur in Maßen. Erst mit dem stark steigenden Rohstoffhunger der russischen Textilindustrie und wohl auch der Armee – Cellulosenitrat alias Schießbaumwolle war als Schwarzpulverersatz für die Munitionsherstellung begehrt – wuchsen die Anbauflächen rapide. Befeuert wurde der Boom durch die neu errichtete Transkaspische und die Trans-Aral-Eisenbahn, die den raschen Abtransport großer Gütervolumina ermöglichten. Zentrum des Baumwollanbaus war in zaristischer Zeit das Fergana-Becken. Die Sowjets stellten dann die Landwirtschaft der gesamten Usbekischen SSR auf Monokultur um, indem sie gigantische Bewässerungsprojekte forcierten. Im Zuge von Stalins »Großem Plan zur Transformation der Natur« hoben 1939 etwa hundertsechzigtausend Kolchosearbeiter binnen nur sechs Monaten in bloßer Handarbeit, mit Hacke und Schubkarre, den dreihundertfünfzig Kilometer langen Fergana-Kanal aus. Und unter Chruschtschow wurde der Karakum-Kanal errichtet, der heute auf einer Länge von vierzehnhundert Kilometern fast ganz Turkmenistan durchfließt und dabei zwar weite Flächen begrünt, allerdings enorme Verdunstungsverluste aufweist und im Westen der gleichnamigen Wüste sang- und klanglos versickert. Das Ergebnis des radikalen Dirigismus: Allein zwischen 1940 und 1980 vervierfachte sich die auf Usbekistans Boden produzierte Baumwollmenge auf über neun Millionen Tonnen. Dafür musste das Land fortan fast alle Lebensmittel aus anderen Teilen der UdSSR importieren. Und der Aralsee büßte für die brachiale Agrarpolitik weitgehend mit seiner Existenz: Kaum noch zehn Prozent der ursprünglichen Durchflussmenge erreichen heute sein Becken. Und das ausschließlich über den Syrdarya, den nördlichen Zubringer auf kasachischem Gebiet. Dessen südlicher Zwillingsstrom indes verzweigt und verliert sich aufgrund der massiven Wasserentnahme auf dem Weg in Richtung seiner einstigen Mündung vollständig.

Noch zur Mitte des vorigen Jahrhunderts galt der Aralsee als Naturwunder – ein gewaltiges Wasserreservoir ohne Abfluss, das auf das harsche Kontinentalklima der Region wohltuend mäßigend wirkte. Seine Ufer waren gesäumt von dichtem Schilf, Gräsern, einem Pflanzendickicht, in dem sich neben einer bunten Vogelwelt auch viele Säuger, Antilopen, Ziegen, Bucharahirsche, Wildschweine, Wölfe und der inzwischen ausgestorbene Turantiger tummelten. Legendär war der Fischreichtum des Aralskoje More, des »Aralmeeres«, wie es die Russen nannten. Über dreißigtausend Tonnen holten die Fischer auf usbekischer und kasachischer Seite pro Jahr aus seinen Fluten. Vier von fünf Anrainern verdienten ihren Lebensunterhalt mit Fang und Verarbeitung des Schuppengetiers. Zehntausend allein in Moynaqs berühmter Fischfabrik. In ihr wurden per anno bis zu zwanzig Millionen Konserven produziert, im Zweiten Weltkrieg noch deutlich mehr als Proteinproviant für die Frontsoldaten. Doch ab 1986 blieben die Netze endgültig leer. Um zu retten, was freilich nicht zu retten war, karrte man eine Zeit lang noch tonnenweise Fisch aus dem Kaspischen und sogar dem Baltischen Meer heran. Doch 1994 wurde der stolze Vorzeigebetrieb endgültig geschlossen. Im Museum von Moynaq zeugen Schwarz-Weiß-Fotos von der Blütezeit, dem emsigen Getriebe an den Fließbändern, den prallen Netzen an den Verladekränen. Zu sehen sind dort auch bukolische Ansichten des alten Lebens in Öl und Aquarell, Fischer vor reetgedeckten Lehmhäusern beim Netzeflicken, wiegendes Schilfrohr im Sonnenuntergang, tief verschneite Winterlandschaften …

Das Desaster, erklärt mir Nilufar mit melancholischem Unterton, sei ein ökologisches und menschliches zugleich: »Die extreme Monokultur führte zur heillosen Versalzung von Wasser und Böden«. Bis auf Artemia salina, das unverwüstliche Salzkrebschen – das die verbliebenen Anrainer neuerdings prompt kommerziell fangen und verkaufen – sei der See biologisch tot. Und der Steppenboden schimmere vielerorts über weite Flächen weiß vom Salz. Arg verschlimmert hat das Fiasko der unmäßige Gebrauch von Pestiziden, Herbiziden und Kunstdünger. »Ende der achtziger Jahre«, erklärt Nilufar, als Umweltforscherin naturgemäß ganz in ihrem Element, »wurden auf einen Hektar im weltweiten Durchschnitt dreihundert Gramm Pflanzenschutzmittel versprüht. In Usbekistan lag der Wert bei vierundfünfzig Kilogramm.« Die Folge: Der ausgetrocknete Seeboden ist von einer Schicht aus Ton- und Schluffpartikeln, Salzstaub und besagten toxischen Substanzen bedeckt, die von den oft starken Winden tonnenweise aufgewirbelt und vertragen werden. Mikrochemiker wiesen die Giftstoffe im Eis an den Gipfeln des Tien Shan und des Pamir und sogar noch in viel entfernteren Wüsten und Wäldern nach. Unter den Karakalpaken haben seit dem Verschwinden des Sees die Erkrankungen von Atmungs- und Verdauungsorganen, haben Asthma, Bronchitis, Tuberkulose, Typhus und Magengeschwüre, auch Krebs, Nieren-, Leber- und Augenprobleme sowie Kindersterblichkeit und die Zahl an Missbildungen bei Neugeborenen dramatisch zugenommen. Der Mangel an sauberem Trinkwasser und, bedingt durch den Klimawandel, an Regen wird schlimmer und schlimmer. Und als wär's nicht genug, machte die Verlandung auch noch eine ehemals sehr spezielle Insel zum Teil des Festlands und damit theoretisch für jedermann zugänglich: Wosroschdenija, die »Insel der Wiedergeburt« (ausgerechnet), wurde von den Einheimischen immer schon gemieden. Eine verwunschene Festung, so der Volksglaube, stehe, umgeben von tödlichem Treibsand, auf ihr. Die alte Fama erfüllte sich, könnte man meinen, im Kalten Krieg. Denn ab 1948 betrieb die Sowjetarmee auf dem Eiland ihr zentrales Forschungslabor für biologische Waffen. Bis zu fünfzehnhundert Menschen sollen dort, die Siedlung hieß Kantubek, unter anderem mit Pocken-, Pest- und Milzbranderregern experimentiert und unter der örtlichen Fauna mehrmals Massensterben ausgelöst haben. Beruhigend, wenn man weiß, dass die Militärs nach dem Zerfall des Imperiums die tückischen Bakterien und Viren auf einer Deponie fässerweise ungesichert zurückließen und die Insel großflächig durch Anthrax verseucht ist.

Die Existenz von Kantubek, heute eine Geisterstadt, unterlag bis 1991 strikter Geheimhaltung. Und geheim hielten die Sowjetbehörden auch generell die katastrophale Situation des Sees. Bis zu Gorbatschows Glasnost wussten, abgesehen von den Anrainern, nur hohe Beamte und Wissenschaftler darum. Forschungsergebnisse wurden unter dem Siegel höchster Verschwiegenheit gehalten, und die erste die Austrocknung dokumentierende Karte überhaupt erst 1990 publiziert. Inzwischen schaut zwar die Weltöffentlichkeit medial dem Aralsee beim Verschwinden gleichsam zu, ist sich des Ausmaßes dieser »wahrscheinlich größten, vom Menschen verursachten ökologischen Katastrophe unserer Zeit«, wie UN-General António Guterres formulierte, wohl bewusst. Dutzende Organisationen, darunter Weltbank, USAID, Europäische Investitionsbank, die UN, betreiben Hilfsprogramme. Allein, beklagt Wadim Sokolow, Leiter des von den fünf Staaten Zentralasiens gegründeten Internationalen Fonds zur Rettung des Aralsees mit Sitz in der kasachischen Hauptstadt Almaty, »es fehlt an Koordination«. Es gebe viele »schöne Projekte auf dem Papier«, aber, obwohl dies versprochen sei, kaum Geld, viel Aktionismus, aber kaum echte Hilfe. »Um wenigstens den aktuellen Stand zu erhalten, müssten pro Jahr sieben bis elf Kubikkilometer Wasser in das Seebecken fließen. »Wir haben gerade einmal zwei.«

Alles verloren also? Ja und nein. Eine Wiederherstellung des Status quo ante ist illusorisch. Dennoch glimmen da und dort Hoffnungsschimmer. Ein Indiz ist die vom Staat propagierte Diversifikation und Umstellung der Landwirtschaft auf weniger durstige Nutzpflanzen. Usbekistan rangiert zwar aktuell mit einer Jahresproduktion von fast einer Million Tonnen nach Indien, China, den USA, Brasilien und Pakistan auf Rang sechs und damit weiterhin unter den Big Playern im Baumwoll-Business. Doch bei Fahrten über Land sind, vor allem in den Südprovinzen, zwischen den allgegenwärtigen, zur herbstlichen Erntezeit schneeweißflockigen Monokulturen immer öfter Getreide- und Gemüsefelder, mancherorts auch lange Reihen gigantischer Gewächshäuser zu sehen. Was den See selbst betrifft: Sein verbliebener Hauptteil auf usbekischem Boden hat immerhin noch (Stand 2022) eine Ausdehnung von zehn Kilometern und ist dreißig Meter tief. Drüben in Kasachstan hat man 2005 schon zwecks Stabilisierung und Wiederbefüllung des Nördlichen alias Kleinen Aralsees einen dreizehn Kilometer langen Damm errichtet. Dort sind die Fische und mit ihnen im einstigen Haupthafen Aralsk und den Uferdörfern Leben und Zuversicht zurückgekehrt. Im Hinterland des Südufers entstand durch menschliches Zutun eine ganze Kette von allerdings kleineren Seen mit reichlich Ufervegetation. Fischfang und Viehzucht werden auch dort wieder betrieben. Außerdem hat man, um, wer weiß, die Aralkum, diese Neo-Wüste, vielleicht längerfristig wieder urbar zu machen, begonnen, den ehemaligen Seeboden mit salzresistenten Sträuchern zu bepflanzen. Und als Signal zu einer Art grünen Wiedergeburt der Region wollen schließlich auch die Veranstalter von Stihia ihre Initiative verstanden wissen. Das russische Wort, das, grob übersetzt, eine »nicht zu stoppende Naturgewalt« meint, bezeichnet ein Techno-Festival, das, 2018 von der usbekischen Gruppe »Fakultät der Akustik« erstmals aus dem Boden gestampft, inzwischen alljährlich im August etliche Tausend Besucher aus ganz Zentralasien und sogar Übersee nach Moynaq lockt. Der tote Seeboden als Klang- und Tanzbühne, ein Open-Air-Club für ekstatische Techno-Fans: Welch kraftvolles Kontrastprogramm für den Katastrophenort, das endlich einmal positive Energien verströmt und Assoziationen weckt!

Für Kurzbesucher am offensichtlichsten ist die neue Dynamik am Ortsbild von Moynaq selbst abzulesen. In den nuller Jahren noch, ich erinnere mich an meinen ersten Lokalaugenschein, war ich ob der Desolatheit und Tristesse zutiefst erschrocken. Jetzt jedoch Zeichen des Aufschwungs, wohin man auch blickt. Bürgermeisteramt, Schule, Gericht, Wohnblöcke, Stadion, Schwimmbad, Sport- und Konzerthalle, IT-Center und Moschee: »Alles neu«, strahlt der Taxifahrer mit den weißen Fassaden um die Wette, während wir die frisch asphaltierte Hauptstraße entlangrollen. Seit 2019, erfahre ich, habe die Zentralregierung tief in die Tasche gegriffen, um dem lange Zeit so missachteten Städtchen und seinen nach dem heftigen demoskopischen Aderlass der jüngsten Jahrzehnte gerade noch dreizehntausendfünfhundert Seelen beizustehen. Selbst einen neuen Airport hat sie spendiert. Demnächst wolle die nationale Fluglinie, Uzbekistan Airways, eine tägliche Verbindung nach Taschkent einrichten.

Zu guter Letzt hat Nilufar noch eine weitere erfreuliche Nachricht parat. Von der Front im Kampf gegen die Zwangsarbeit nämlich. Viele Jahre lang war die Cotton Campaign, eine breite Koalition internationaler NGOs, für deren Ausmerzung ins Feld gezogen. Ihr Boykottaufruf im Jahr 2011 hatte über dreihundert Textilhersteller, Modemarken und Warenhausketten, darunter so bekannte wie Walmart, Ikea und H&M, dazu gebracht, usbekische Baumwolle aus ihren Produkten zu verbannen. Nach dem Machtwechsel von Karimow zu Mirsijojew setzte eine schrittweise Liberalisierung des Sektors ein. Zunächst wurde die Feldarbeit von Kindern untersagt. Es folgten weitere Gesetzesreformen, sodass die Internationale Arbeitsorganisation (ILO) 2019 erstmals feststellte, systematische Zwangsarbeit habe »bei der diesjährigen Ernte nicht stattgefunden«. 2020 unterzeichnete der Präsident dann zwei historische Dokumente: Das eine belegte Unternehmensleiter und Funktionäre bei fortgesetzter Zwangsrekrutierung mit drakonischen Strafen. Das andere setzte der behördlichen Festsetzung von Erntequoten, die den Anreiz für die Massenmobilisierung von Pflückerinnen und Pflückern geschaffen hatten, ein Ende. Staatsunternehmen wurden privatisiert, indem man sie an die Börse brachte. Bauern erhielten größere

Freiheit bei der Entscheidung, welche Nutzpflanzen sie säen, wie sie die Ernte organisieren und an wen sie ihre Produkte verkaufen. Dekretiert wurden zudem eine markante Lohnerhöhung, die Organisation der Erntearbeit auf Basis individueller Verträge und die Einrichtung einer Website, auf der Whistleblower Verstöße melden können. Kurz und gut, frohlockt Nilufar als Fazit ihrer Ausführungen: Schwarze Schafe möge es noch geben. Doch im Großen und Ganzen sei die berüchtigte Zwangsarbeit bei der Baumwollernte auf dem Papier und auch in der Praxis Vergangenheit.

Louvre in der Steppe

Karakalpakstan und das Igor-Savitsky-Museum in Nukus

Karakalpakstan ist nicht eben das, was man eine von der Natur gesegnete Region nennt. Einst eine der ärmsten Ecken der Sowjetunion, nimmt sie seit 1991 den Nordwesten des unabhängigen Usbekistan ein. Im Osten die Wüste Kysylkum, im Norden die infolge der Austrocknung des Aralsees entstandene Aralkum, im Westen, gut zweimal so groß wie Österreich, das Ustjurt-Plateau: extremste Unwirtlichkeit, in welche Richtung man auch blickt. Nur der fruchtbare Streifen Land am Unterlauf des Amudarya, die historische Region Choresmien, lässt Leben zu. Seine ein Komma acht Millionen Einwohner – deren Zahl kontinuierlich schrumpft, weil Jahr für Jahr Zehntausende auf Jobsuche nach Russland und Kasachstan emigrieren – genießen weitgehende Autonomie mit einer eigenen Verfassung, Flagge, Hymne und eigenem Parlament. Dennoch machen sich in der Republik Karakalpakstan gelegentlich Separatisten bemerkbar, die der Zentralregierung in Taschkent Unterdrückung und wirtschaftliche Vernachlässigung vorwerfen und völlige staatliche Eigenständigkeit fordern. Schließlich schlummern im Boden hier beträchtliche Mengen an Öl und Gas.

Die namensgebenden Karakalpaken, nicht zu verwechseln mit den im Kaukasus beheimateten Karapapaken, stellen als nationale Minderheit ein Drittel der

Bevölkerung. Ihre Vorfahren, ein ursprünglich nomadisches, für seine Kampfeslust berüchtigtes Turkvolk, stammen aus den heute kasachischen Steppen, weshalb auch ihr Idiom und Brauchtum den dortigen näher als den Usbekischen sind. Ihre materielle Kultur ist, eine direkte Folge der traditionell knappen Ressourcen, vergleichsweise kärglich. Zentrale Objekte in den wenigen volkskundlichen Sammlungen sind besticktes Brautgewand, Schmuck und Jurten.

Auf der touristischen Landkarte fristet die Heimat der Karakalpaken nach wie vor ein Schattendasein. Die wenigen Gäste, die den langen Landweg von Chiwa oder den Zwei-Stunden-Flug aus Taschkent überhaupt auf sich nehmen, bleiben für gewöhnlich nur für ein, maximal zwei Tage. Fast alle kommen zum Desasterseeing an den vertrockneten Gestaden des Aralsee. Angesichts der peripheren Lage und Unbeschriebenheit der Region ist das zwar begreiflich, allerdings bedauerlich. Denn das »Land der Schwarzmützen« (dem aus dem Fell von Karakulschafen oder Filz gefertigten *Kalpak*) bietet Globetrottern, deren Reiseglück auf Erden nicht von Fünf-Sterne-Komfort oder hochgerecktem Influencer-Daumen abhängt, durchaus so einiges. Am Südrand der Region zum Beispiel legt ein ganzes Rudel von Festungsruinen, Ayaz, Kizil und Toprak Qala heißen die imposantesten, Zeugnis von einer Hochkultur ab, die im Westen kaum jemand kennt: Vom 6. Jahrhundert vor bis, mit Unterbrechungen in der Spätzeit, ins 9. nach Christus gedieh hier, basierend auf einer ausgeklügelten Bewässerungslandwirtschaft, das Königreich von Choresmien. Es war ein frühes Zentrum der zoroastrischen Religion, deren legendärer Stifter, Zarathustra, um 600 vor Christus den hiesigen Herrscher zu seiner

Lehre bekehrt haben soll – für den um Anerkennung Ringenden ein bahnbrechender Erfolg.

In Shilpiq, eine halbe Stunde südöstlich von Nukus, kann man einen *Dakhmeh* erklimmen – einen »Turm des Schweigens«, hinter dessen Rundmauer Zoroastrier schon vor zweitausend Jahren die Leichname der Verstorbenen zur Luftbestattung, sprich: den heiligen Geiern zum Fraß, bereitlegten. Ein Stück flussaufwärts, nahe Berunyi, haben sich Restbestände der Pappelwälder erhalten, die früher den Amudarya über lange Strecken säumten. Man hat sie unter Naturschutz gestellt und durch ein Wegenetz erschlossen, das sich angenehm erwandern lässt. In der Kreisstadt Shimbay kann man der Herstellung traditioneller Jurten beiwohnen und auch sehen, wie man diese hochpraktischen Allwetter-Behausungen aufbaut. In Khojayli, zu Sowjetzeiten der zentrale Handelsplatz und Eisenbahnknotenpunkt der Region, kann man sich ins muhende und blökende Getümmel des großen Viehmarkts mischen. Und ganz in der Nähe, in Sichtweite, wartet die Nekropole von Mizdakh Khan, ein Glanzstück historischer Friedhofskultur, mit ihren bis zu zweitausend Jahre alten Gräbern und Grüften und spektakulären Mausoleen aus vormongolischer Zeit darauf, erkundet zu werden. Alle diese Attraktionen werden freilich von einer Sehenswürdigkeit in der Hauptstadt Nukus überstrahlt, die jene Kunstfreunde, die das Glück hatten, sie mit eigenen Augen zu sehen, als veritable Sensation rühmen.

Jahrzehntelang hatte das Igor-Savitsky-Museum, vom Radar der internationalen Destinationsscouts unerfasst, ein Dornröschendasein gefristet. Sehr zögerlich nur, und verstärkt erst in jüngsten Jahren drang die Kunde von seiner Existenz hinaus in die

Welt. Ein ungeheurer Bilderschatz, so sprach sich unter westlichen Kunstfreunden herum, sei in dieser namenlosen Provinzstadt im Nirgendwo zu entdecken – die größte Sammlung russischer und sowjetischer Avantgarde-Malerei ihrer Art neben jener des Russischen Museums in Sankt Petersburg.

Die Wurzeln der Geschichte dieser einzigartigen Kollektion reichen bis in die Jahre kurz nach der Oktoberrevolution zurück. Damals waren neben Politkommissaren und Völkerkundlern auch russische Maler in den fernen Süden des Sowjetreichs gereist. Ähnlich wie ein Vierteljahrhundert zuvor Gauguin von Polynesien oder Klee, Macke und Moilliet von Tunesien, waren auch diese Künstler aus dem kalten Norden von der Exotik einer für sie völlig neuen Welt betört. Die glanzvollen alten Städte, Basare, Paläste und Moscheen an der Seidenstraße, die gastfreundlichen Menschen in ihren bunten Gewändern, überhaupt die intensiven Farben, das plastische Licht, auch die abstrakte Ornamentik inspirierten sie zu kühnen Stilexperimenten.

Schlüsselfigur in jenen Pioniertagen war Alexander Wolkow, der, 1923 nach Usbekistan übersiedelt, in Taschkent eine Kunstfachschule mit ins Leben rief und die Gruppe der »Meister des Neuen Orients« gründete. Deren Mitglieder verknüpften kubistische, futuristische und neoprimitivistische Elemente mit einheimischen Motiven und prägten so eine innovative, orientalisch-modernistische Stilsprache. Rote Fahnen im befreiten Ghetto, forsch-fröhliche Komsomol-Brigaden, Frauen ohne Schleier: In jener Zeit spiegelte sich selbst in den Bildern vieler im Grunde unpolitischer Maler eine sozialistische Aufbruchsstimmung wider. Und einer, Alexander Nikolajew, einst Schüler Malewitschs, war von den Eindrücken in der Fremde so hingerissen, dass er zum Islam übertrat und seine Werke fortan mit Usto-Mumin, »gläubiger Meister«, signierte.

Im fernen Zentralasien blieben Kreative länger als in Moskau oder Leningrad von der Zensur unbehelligt. Doch ab Mitte der dreißiger Jahre fielen Nonkonformisten und Neuerer auch hier in Ungnade. Manche landeten für lange Jahre in sibirischen Lagern oder psychiatrischen Kliniken, andere wählten den Freitod oder zogen sich ins Private zurück, einzelne schwenkten aber auch auf den staatlich genehmigten Sozrealismus um und malten fortan wonnetrunkene Kolchosniks beim Traktorfahren oder Baumwollpflücken.

Nach dem Krieg, in den Fünfzigern, trat dann ein junger Mann namens Igor Savitzky in Erscheinung. Als Spross einer großbürgerlichen russischen Familie aus Kiew hatte er in Moskau Malerei studiert, zog, als man die Kunsthochschule 1942 kriegsbedingt nach Samarkand evakuierte, dorthin mit um und wurde von Orientbegeisterung gepackt. Wenige Jahre später schon kehrte er als Zeichner im Expeditionsteam des berühmten Archäologen Sergej Tolstov, der die oben erwähnten choresmischen Wüstenfestungen erforschte, in den Süden zurück. Dabei begann er sich für die bedrohte Kultur der karakalpakischen Nomaden zu interessieren, deren Hervorbringungen zu sammeln, übersiedelte dauerhaft nach Nukus und begründete dort ein Volkskundemuseum, das er fortan als Direktor leitete. Damals, Anfang der Sechziger, fiel ihm der Katalog einer Ausstellung russisch-usbekischer Modernisten der Zwischenkriegszeit in die Hände. Begeistert beschloss er, nach den offiziell verfemten Originalen zu suchen. In Provinzarchiven, auf den Dachböden und in den Kellern der Witwen und Kinder der Künstler stieß er auf atemberaubende Schätze, die er in seinem Museum ausstellte. Wobei ihn letztlich die Entfernung zu Moskau vor behördlichen Repressalien bewahrte und ihm auch die Konkurrenzlosigkeit seines Tuns half.

In den Siebzigern dehnte Savitzky dann seine Nachforschungen auf die ganze Sowjetunion aus. Dank eines sich stetig weitenden Netzwerks stieß er auf immer mehr verbotene, verborgene Bilder. Auf zahllosen Zugfahrten brachte er sie, vor den argwöhnischen Augen der Zensoren als Folklore deklariert oder als »Gepäck für ethnographische Expeditionen« getarnt, alle nach Nukus. Auf diesem Weg fanden auch Werke vieler russischer Künstler in die Sammlung Eingang, die in keinem Bezug zu Zentralasien standen. Als Savitzky, der sein gesamtes Leben grenzenlos idealistisch und mit manischer Passion der Kunst geweiht und weder seinem persönlichen Fortkommen noch seiner Gesundheit Beachtung geschenkt hatte, 1984 im Alter von neunundsechzig Jahren starb, hatte er im Alleingang sage und schreibe fünfzehntausend Gemälde sowie siebzigtausend volkskundliche Objekte zusammengetragen. Die Herkulesarbeit, diese zu katalogisieren und in der Welt bekannt zu machen, übernahm seine Nachfolgerin Marinika Babanasarowa, die den »Louvre der Steppe«, wie die Presse das Haus taufte, drei Jahrzehnte lang leitete. In ihre Zeit fiel auch der 2003 erfolgte Umzug in den modernen, von internationalen Sponsoren finanzierten Museumskomplex, einen mit hellem Kunststein verkleideten Kubus, dem 2017 ein zweites Ausstellungsgebäude hinzugesellt wurde.

Wandert man heute durch die großzügig bemessenen Museumsräume, kommt man aus dem Staunen nicht heraus. Auch wenn man Werke der ganz Großen wie Kandinsky, Chagall, Rodtschenko oder Malewitsch vergeblich sucht, wird man dabei doch verspätet Zeuge einer atemberaubenden Explosion kreativer Kräfte aus jener Aufbruchszeit, in der viele Sowjetbürger aus tiefster Überzeugung an die bevorstehende Befreiung des menschlichen Geistes glaubten. Ikonische Gemälde wie Aleksei Rybnikows »Apokalypse«, Mikhail Kurzins »Kapital« oder Yevgeny Lysenkos »Stier«, das avantgardistische Lebenswerk einer Elena Korovays, eines Solomon Nikritin und Ivan Kudryashov, nur zum Beispiel – sie alle hat Savitzky für die Nachwelt gerettet. Nach dem Zerfall der Sowjetunion gerieten sie ins Rampenlicht der internationalen Kunstszene und Medien. *The New York Times, BBC, Al-Jazeera* & Co. berichteten, Ausstellungen in Moskau und Frankreich, ein Doku-Film mit dem Titel »Die Wüste der Verbotenen Kunst« mehrten den Ruhm. Kunstinvestoren mit Taschen voller Geld tauchten auf, mehrere Nachfahren der Maler forderten über Anwälte Rückerstattung. Sogar Moskauer Behörden streckten angeblich ihre Fühler aus, um den Gesamtbestand »heim« nach Russland zu holen. Doch alle Kaufangebote wurden ausgeschlagen, auch die übrigen Begehrlichkeiten mit Erfolg abgewehrt. Die Sammlung ist bislang unversehrt geblieben. Ganz im Sinne ihres Schöpfers, der kurz vor seinem Tod formulierte: »Ich sehe unser Museum als einen Ort zur Aufbewahrung der Seelen der Künstler und ihre Werke als materiellen Ausdruck einer kollektiven Vision, die letztlich niemand und nichts zu zerstören vermochte«.